叶舒宪学术文集

耶鲁笔记

YELU BIJI

叶舒宪

著

陕西新华出版传媒集团
陕西人民出版社

图书在版编目（CIP）数据

耶鲁笔记 / 叶舒宪著 .—西安：陕西人民出版社，2019

ISBN 978-7-224-13279-3

Ⅰ.①耶… Ⅱ.①叶… Ⅲ.①社会科学—文集 Ⅳ.①C53

中国版本图书馆 CIP 数据核字（2019）第 136322 号

出品人 | 宋亚萍
出版统筹 | 关 宁 韩 琳
策划编辑 | 王 凌 张启阳
责任编辑 | 晏 藜 安 怡
整体设计 | 开朗文化

饕书客

微信扫一扫，关注饕书客

耶鲁笔记

作　　者	叶舒宪
出版发行	陕西新华出版传媒集团 陕西人民出版社 （西安北大街 147 号 邮编：710003）
印　　刷	中煤地西安地图制印有限公司
开　　本	787mm × 1092mm 1/16
印　　张	14.75
字　　数	160 千字
版　　次	2020 年 8 月第 1 版
印　　次	2020 年 8 月第 1 次印刷
书　　号	ISBN 978-7-224-13279-3
定　　价	78.00 元

如有印装质量问题，请与本社联系调换。电话：029-87205094

叶舒宪

北京人，文学博士。

现任上海交通大学资深教授。

曾任中国社会科学院比较文学中心主任、研究员。

兼任中国民间文艺家协会副主席、文学人类学研究会会长、中国比较文学学会副会长。

1999—2000 年美国耶鲁大学客座教授；

2001 年英国学术院、剑桥大学访问教授；

2003 年、2010 年荷兰皇家学院访问教授；

2009 年台湾中兴大学客座教授。

著作有《玉石神话信仰与华夏精神》《图说中华文明发生史》等 50 种，译著 7 种。

丛书总序
GENERAL PREFACE

1966年夏，我挥泪作别生活了12个年头的首都北京，独自登上绿皮火车，观望着“西去列车的窗口”，转学来到陕西西安。这便是个人命运中与陕西这个省份结缘的开端。当时根本无法预料的是，1971年从西安市第四十一中学毕业时，本应随应届毕业生去安康修三线铁路，但因为体重不足80斤，没有去成安康，阴差阳错地被分配到昆仑机械厂当工人。1977年侥幸通过十年空缺后刚恢复的高考，1978年春季步入大雁塔南侧高校；1982年毕业留校任教。直到1993年“自我流放”海南岛，我连续在陕西生活了27个年头，其间只有一年在北京师范大学学习，半年在北京语言大学修英语，还有半年在澳大利亚访学。

这里的个人学术文集，是我早年写的十部书汇总，其中多为学术著作，有六部在上世纪90年代出过第一版，2005年由陕西人民出版社再版，作为“新世纪学术文存”的个人著作选粹。当时再版的六部书是：

1.《英雄与太阳：中国上古史诗原型重构》，上海：上海社会科学院出版社，1991年。

2.《中国神话哲学》，北京：中国社会科学出版社，1992年。第二版，社会科学文库版，1997 年。

3.《〈诗经〉的文化阐释——中国诗歌发生研究》，武汉：湖北人民出版社，1994 年。

4.《高唐神女与维纳斯——中西文化中的爱与美主题》，北京：中国社会科学出版社，1997 年。

5.《〈庄子〉的文化解析——前古典与后现代的视界融合》，武汉：湖北人民出版社，1997 年。

6.《老子的文化解读》，与萧兵合著，武汉：湖北人民出版社，1994 年。

以上六书，除了合著的《老子的文化解读》一书，将本人单独写的部分提取出来，改名《老子与神话》再版之外，其他五部书都是原样再版的。此次承蒙陕西人民出版社的厚意，再度给我的学术著作结集出版，并在以上六书之外，又增加了 21 世纪初出版的四部书：

7.《两种旅行的足迹》，上海：上海文艺出版社，2000 年。

8.《耶鲁笔记》，厦门：鹭江出版社，2002 年。

9.《千面女神——性别神话的象征史》，上海：上海社会科学院出版社，2004 年。

10.《现代性危机与文化寻根》，济南：山东教育出版社，2008 年。

其中两部是学术随笔：《两种旅行的足迹》是讲述 20 世纪 90 年代访学澳大利亚、加拿大和美国的见闻和札记。这次再版又补充了 21 世纪初年访学英伦的若干则笔记。《耶鲁笔记》是 1999 年笔者调入中国社会科学院后在美国耶鲁大学短期任教时的学术随笔集。另外两部则是学术专题著作：《千面女神——性别神话的象征史》，是笔者第一次尝试出版的图文并茂之书，根据在耶鲁大学期间收集到的资料，用数百幅彩图呈现世界各地女神的风采，并从学术上描述当代风起云涌的女神复兴运动。《现代性危机与文化寻根》则是我从海南大学调入中国社会科学院后，与文学研究所所长杨义先生共同主持的第一个院重大项目中，由本人撰写的当代文化理论专题著作。

这十部书，从1980年代最早写出的《英雄与太阳》和《中国神话哲学》，到2008年的《现代性危机与文化寻根》，前后历时约20年，总体上可以呈现出个人所经历的学术成长之路：从早年学习马克思主义原著（本人在1983年发表的学士学位论文是《马克思主义人学初探》），转向全面关注和译介当代西方文学理论，曾经特别关注的三大文学理论流派是神话—原型批评、结构主义、精神分析。本人早年的学术起步期，除了马克思、恩格斯的原著之外，也深受这三大理论流派的影响。如《英雄与太阳》和《中国神话哲学》两书，表现出神话—原型理论和结构主义理论相互融合的深刻印记；而《高唐神女与维纳斯》《〈诗经〉的文化阐释》等，则带有浓重的精神分析理论的色彩。直到同时期或稍后写的《太阳女神的沉浮——日本文学中的女性原型》《阉割与狂狷》，以及在海南大学时主编的《文学与治疗》《性别诗学》等，仍然透露出相当强烈的精神分析、女性主义或性别研究加文化分析的治学倾向。

正是由于常年沉浸在多种理论与方法思路的训练和运用实践中，因此个人在问学道路上能有某种博采众长的经验积累，给后来的文学人类学一派跨学科研究，并努力创建中国版的文化理论体系，带来某种必要的前提条件。如今回头看，要总结归纳出以上十部书的共同旨趣，那就是为2009年正式提出“神话中国”理论命题，做出的前期铺垫和理论准备。从新兴交叉学科的意义看，则是给具有中国本土特色的人文新学科——

文学人类学——的问世，所做的问题探索和个案研究尝试。

2010 年夏，笔者在上海交通大学创建文学人类学研究中心。2017 年冬，在文学人类学研究中心基础上，又组建起神话学研究院。2019 年 4 月，神话学研究院协同中国社会科学院比较文学研究中心主办的学术专刊《神话中国》在北京的三联书店问世。其宗旨是拓展并完善文学人类学派独家倡导的“神话中国”理论：神话并不是归属于文学的一个子类；神话是文史哲、宗教、政治、艺术等意识形态的共同源头。神话讲述活动大大早于文字的起源，它先是伴随着人类语言叙述能力的口传文化传统，在文字起源后衍生为书面记录的最早的重要内容。驱动神话发生发展的是初民的信仰观念和想象。

“神话中国”论旨在突显中国文化的上古时期并没有经历类似古希腊文明的哲学—科学突破为标志的“轴心时代”，中国文化的特征是自古及今都被神话思维、神话观念和神话信仰所笼罩，包括“中”的神话地理观和“国”的神话政治观。主体民族“汉”的命名则起源于“天汉”的神话天文观。如果说中国有哲学，那一定是某种大大有别于西方哲学形而上思维传统的“神话哲学”；中国的正史则是一部名副其实的不断延续的“神话历史”。“神话中国”的第一神山昆仑，充分体现着华夏文明独有的万年玉石神话信仰驱动的国家级的资源依赖现象，其原型是盛产全球最优质透闪石玉即和田玉的新疆南疆“于阗南山”。从于阗南山即昆仑地区向中原文明输送和田玉的历史，便成为一部“玉成华夏”的 4000 年国史，其运输路径则成为德国人命名的“丝路”之中国本土原型。

回到对“丝路”的学术认知方面，正是在 30 年前陕西西安举办的一次学术会议（1989 年 6 月，陕西师范大学中外文化研究交流中心举办的“长安、东亚、环太平洋国际学术研讨会”）上，笔者提交的论文《文化研究中的模式构拟方法——以传统思维定向模式为例》,基于对传统思维“东向而望”的定向模式的反思与超越意识，倡导一种向中国西部开放的反潮流新理念，并正式提出“重开丝绸之路”的理论设想。就连精神分析学的顶级释梦专家也不会预料到，30 年前一个西部书生的斗胆梦想，竟然变成如今举世瞩目的现实景观。

如果说“神话中国”论要开启对中国文化的深度认知新境界，那么这种深度认知的模型，一定是始于 30 多年译介神话—原型理论和结构主义方法时摸索出的“模式构拟”研究范式。所不同的是，如今的“模式构拟”已经完全依据本土文化传统的现实，升格为前文字时代“大传统”与文字书写时代“小传统”对接的文化理论体系。

以上对这十部书的来龙去脉的简要回顾，或已引出某种学术发展的前瞻意识。窃以为，在如今这个文化变迁速率大大超常的时代，治学者十分需要的就是这种基于学术史自觉的前瞻能力。

是为序。

作　者

2019 年 4 月 25 日于上海

耶鲁大学

目录

CONTENTS

耶鲁精神的感召力

世界上知名度最高的大学，好像除了英国的牛津和剑桥，就要数美国的哈佛和耶鲁了。一所大学之所以举世闻名，除了悠久而辉煌的历史外，还要靠长期积累而形成的学科优势、办学特色和管理经验，以及强大的师资阵容、杰出的知识创新能力，众多优秀的毕业生构成桃李满天下之势，方方面面杰出的校友具有巨大的社会影响力，等等。

就拿耶鲁来说，她的盛名得益于许多独到的方面。比如，她虽然起初是教会人士创办的学校，后来却形成了培养卓越政治家的美名，甚至以“盛产”总统而著称。迄今为止，已有5位美国总统出自耶鲁大学。他们分别是第27届总统威廉·霍华德、第38届总统杰拉尔德·福特、第41届总统乔治·布什、第42届总统比尔·克林顿和第43届总统小布什。可以这样说，美国200多年的建国史中，有超过十分之一的时间是由出身耶鲁的人作为最高政治领袖的。如果从最近20年来看，连续3届总统都是耶鲁毕业生，这不能不说是耶鲁创造出的世界政坛奇迹。仅此一个事实，就可以想见这所大学的世界影响力是怎样的超乎寻常。另外，曾

耶鲁大学校园雪景

与小布什同时竞选的民主党副总统候选人利伯曼以及前美国第一夫人、已当选纽约州参议员的希拉里等，也都是耶鲁毕业生。至于耶鲁人后来担任州长、市长、参众两院议员、政府部长等要职的，就更多不胜举了。

再比如，耶鲁在同哈佛的长期竞争中，向来都以人文学科取胜，在文学、历史、戏剧、法学等专业方面长期执全美之牛耳。在最近的一次美国全国研究学会（NRC）关于教员质量的排名中，耶鲁有四个人文学系科名列第一：英语，法语，比较文学，历史。不过，文理并重的风格同样为耶鲁造就了许多世界一流的科学家和艺术家。如1755年发明潜水艇的科学家戴维·布什内尔，1837年创办美国《科学》杂志、有"美国教育之父"之称的小本杰明·西利曼，发明世界第二台高能粒子加速器——回旋加速器、获得1939年诺贝尔物理学奖的欧内斯特·劳伦斯，IBM公司前董事长约翰·艾克斯，联邦快递创始人史密斯，举世敬重的文学史家雷内·韦勒克以及文学批评家德·曼、希利斯·米勒、哈罗德·布鲁姆等；我国在耶鲁毕业的著名学子包括留美第一人、卓越的教育家和政治家容闳，铁路桥梁专家詹天佑，1894年中日甲午海战英雄吴应科，著名人口学家马寅初，任教于哥伦比亚大学东亚语文系的现代文学专家夏志清和南京大学的英美文学专家陈嘉等。迄今为止，耶鲁学子共有近20人获得诺贝尔奖。这个数字虽赶不上哈佛大学和哥伦比亚大学，但在世界范围内也还是足以令人刮目相看的。

据调查，在美国500家著名的大公司里任职的高级职员中，耶鲁毕业生所占的比例最高，甚至超过了哈佛。耶鲁大学还为美国演艺圈输送了大批脱颖而出的艺术明星，如著名影星朱迪·福斯特，还有以主演《苏菲的选择》和《克莱默夫妇》而两度夺取奥斯卡最佳女演员奖的著名影星梅里尔·斯特里普。

在我心目中，耶鲁最令人向往的还是一种独超众类的精神品格，人称“耶鲁精神”。所谓“耶鲁精神”，主要指的是为维护学术的神圣与办学的自主而特立独行、一往无前的精神，这在某种程度上可以视为美国立国精神的缩影。

据说在越战期间，美国政府责令各高校对逃避兵役的入学申请人取消奖学金，对越战退伍人士则给予入学的优先权。全国的大学部对此俯首听命，唯独耶鲁不买政府的账，依然我行我素地按照成绩标准录取新生和发放奖学金。因为这次严重的“抗旨”行动，耶鲁失去了来自联邦政府的大笔资助。尽管如此，她还是依然故我地坚守自己独立自主的办学理念。我了解到这一层，不免对这所学校肃然起敬。

在办学方略上，现任校长莱温曾做过很好的说明：“教育人们服务于社会并不意味着教育必须集中于掌握实用性的技能。耶鲁追求为学生提供一个宽广、自由的教育面，而非狭窄的、职业性的教育，以便使他们具备领导才能和服务意识。耶鲁同时也是一个相互尊重的社区，并且珍视自由的表达和对世间万物的探寻。”这几句话里充分体现了liberal education这个英文词组的精髓。

据我体会，“耶鲁精神”除了学术上的自由探索和自由表达外，还应包括学习的自由：即学生自主选课的权利。校内人戏称之为“shopping”，即每当新学期起始的几周里，学生按照课程表的提示在各个教学楼之间客串选听，然后根据自己的满意程度决定本学期听哪些教师的课。这就如同到自由市场上去买东西，想买什么，不想买什么，

作者于耶鲁大学图书馆外

耶鲁春色

完全由当事人自己做主。没有哪个教授有特权强买强卖，不论他地位如何、名气大小。这种选课的“shopping”制，在客观上起到了鼓励教师在教学质量上展开良性竞争的效果。当然，这也会给少数竞争力弱的教师带来不利的尴尬的场面：开学后的“shopping”期结束之际，个别课堂上的学生因不欣赏老师的教学水准而渐渐离去，结果讲台上的教师面对空空如也的教室，便出现了如荒诞派剧作家尤奈斯库的《椅子》中表现的那种情形。

耶鲁精神的长久维系，原来也是要不断付出牺牲和代价的：学的自由在某种程度上限制了教的自由。

受耶鲁精神的感召，世界各地的优秀学子通过激烈的竞争来到大西洋畔的纽黑文小镇，开始他们的求学生涯。这是一个纯粹的以校园为中心的大学城。这里没有纽约、波士顿的繁华都市与摩天大楼。更没有拉斯维加斯、迪斯尼那样好玩的去处。耶鲁校园建筑虽以其宏伟和古老的哥特式风格著称，但也不免给人一种身处教堂区的肃穆感觉。一些天性奔放的青年若在这里住上一两个月，肯定会感到憋闷和压抑。然而，令学子们向往不已的那种精神氛围，则是任何一个局外的参观者所难以体会的。

一位新入校的名叫陈方芊的女同学在她的作文中写道：“对我来说，耶鲁最宝贵的一部分是她的学生。同学们都一个比一个热情，一个比一个乐观。我一共有五个同屋，每人都有自己的长处。从康州来的萨莎可以流利地讲三种语言：英语、西班牙语和俄语。从宾州来的海莉小提琴拉得棒极了。只有耶鲁这种地方才可以吸引来这么多的天才。”入学刚刚两个月，陈方芊对耶鲁人的那种自豪感就已经完全认同，并且变

讲演天才，耶鲁研究院院长布劳德·海德教授

成自己的真实感受了。提及耶鲁之所以吸引来这么多优秀生的理由，她接着写道：“可是没有世界上最好的老师的话，耶鲁怎么也招不来这么多优秀的学生。在这里上课真的是在请教一些世界上最知名的知识分子，我的每一堂课都是耐心而且知识渊博的教授教的。如果我有什么疑难，他们都会很细心地给我解释。教授的这种认真的态度说明耶鲁这所大学是在真正关心所有的学生。”陈方芊的话中所用的“最好的”“最知名的”这些措辞，或许从其他名校的角度看会招惹一些争议，但是她毕竟道出了耶鲁教学上的一大特色，那就是强调本科教育，让杰出的教授直接面对低年级的本科生。

这对于任何一个进入大学求学的人来说，不都是一种至高的福音吗？

常春藤与名校崇拜

美国是世界上教育普及程度很高的国度。与她的 200 多岁的年轻国龄相比，其高等教育取得的非凡成就令人赞叹。

1636 年建校的哈佛大学，1701 年建校的耶鲁大学，都位于面对大西洋的东海岸边，两地相距不过几小时车程。18 世纪中叶以后，在哈佛所在的马萨诸塞州和耶鲁所在的康涅狄格州以南，先后出现了一批高校，如位于费城的宾夕法尼亚大学、位于新泽西州的普林斯顿大学、位于纽约市区的哥伦比亚大学等。这些集中分布在东部沿海地区的老牌大学在美国教育史上扮演着举足轻重的作用，形成了良好的口碑，成为社会公众心目中的知识精英荟萃之地和年轻学子们梦寐以求的最佳学府。

我上一次来美国时走访过宾夕法尼亚大学和哥伦比亚大学，初步领略了这两所常春藤盟校的气派。这次则对耶鲁和哈佛都留下难忘的记忆，对常春藤之所以盛名长传不衰也有了一点切身的体认。

在我看来，大学的生命与生物的生命不同，它不遵循发生、发展、衰老、死亡的规律，似乎只有“长（常）”才有其“春”，“长（常）”

访哈佛大学

成了“春”的条件。常春藤盟校的 8 所大学，除了康奈尔大学是 19 世纪成立的以外，其他 7 所都是 18 世纪 70 年代之前就已经问世的。厚积“勃”发是这些二三百年老校傲视同侪的永恒资本，就像雪球越滚越大，冰冻千尺非一日之寒。

中国有句俗话说：“十年树木，百年树人。”办教育不同于办实业，必须有长年累月的书卷人文气息的积淀，浓厚的求知氛围的长久熏陶，才能使一所大学形成独特的校风和学风。不然的话，尽管校舍新、环境美、投入大，还是无法让一所新校在高等教育的竞争中出人头地。就拿我 20 世纪 90 年代曾任教的一所大学来说，号称海滨土地 3000 亩，面积之大，在全国仅次于清华，又在全国最早与国际接轨实施学院制。可是她毕竟只有 10 多年历史，学习风气尚未形成，软硬件设施亦不足，管理上缺乏经验积累，校长和教授们事倍功半，还是难以在短期内形成优良的校风。那时校内校外相传的一句笑话是：晚自习教室的灯管比人头还要多。教授和学者们到那里后都不免有一种恨铁不成钢的遗憾。再如深圳大学，位于特区经济奇迹发生的年轻城市，其优厚待遇吸引了大批内地人才，政府和社会的实际投入也很可观，但在学养和知名度方面同老牌名校还是不可同日而语的。

在美国，由于后开发的西部地区逐渐成为新兴的环太平洋经济圈的重心所在，与以硅谷为代表的高科技产业同步发展的新兴高校的崛起，变得日益引人注目起来。如加州大学、斯坦福大学、加州理工学院等，都大有后来居上、赶超东部常春藤诸校的发展势头。过去一年一度的全美高校排名榜上，哈佛、耶鲁、普林斯顿几乎年年囊括前三名的位置，而其他常春藤盟校则紧随其后，不甘示弱。近年来，这种局面终于有所

耶鲁与哈佛一年一度的球场较量

改变。西部新兴名校羽翼日渐丰满，凭借其资金实力，不惜重金招揽天下才俊，拓展与新经济密切相关的新兴学科，在某些领域捷足先登，在同相对保守的老牌名校的竞争中占了一些先机，甚至已经走到了世界前列。比如说在文学批评、文学理论方面，耶鲁的英文系一向是全美的旗舰。当年以德·曼为首的解构主义“四人团”与法国宗师德里达相呼应，成为引导全球批评潮流的理论先锋。到了20世纪末年，德·曼不在了，“四人团”的另一主将希利斯·米勒被西部的加州大学厄湾分校以优厚待遇挖走，成立了文学理论研究所，该校又从欧洲请来接受美学的代表人物伊瑟尔等，乃至于学界有人惊呼批评理论的重镇出现自东向西转移的迹象。

下面就以 2000 年全美最优秀大学排名榜为例，看看西部新兴名校挑战常春藤权威的情形。

由全美权威机构以量化指标综合打分评出的 2000 年最优秀大学排名榜，显示美国最杰出的商学院、医学院、教育学院、法学院、工学院等以及博士班的排名次序。

美国商学院排行前五名的是：哈佛大学，斯坦福大学，宾州大学，麻省理工学院，西北大学；法学院前五名：耶鲁大学，斯坦福大学，哈佛大学，纽约大学，哥伦比亚大学；医学院前五名：哈佛大学，霍普金斯大学，宾州大学，密苏里州华盛顿大学，哥伦比亚大学；工学院前五名：麻省理工学院，斯坦福大学，加州大学伯克利分校，乔治亚理工学院，安娜堡密歇根大学；教育学院前五名：哈佛大学，斯坦福大学，哥伦比亚大学，加州大学伯克利分校，加州大学洛杉矶分校。

全美最杰出博士班的评选结果是，生物科学、生物 / 分子化学、微

作者访哥伦比亚大学

康涅迪格州乡间秋色

生物、遗传、细胞生物、神经科学、有机化学等领域都是哈佛大学的博士班拔得头筹，药理学 / 毒物学博士班以约翰霍普金斯大学最杰出。另外，电子计算机科学以麻省理工学院、地质化学以加州理工学院、水文学以亚利桑那大学、天体物理以加州理工学院、数学统计以加州大学伯克利分校、经济学以哈佛大学、公共财政以哈佛大学、历史学以普林斯顿大学、妇女学以威斯康星大学、政治学以哈佛大学、社会心理学以密歇根大学的博士班最为优秀。

对上述排名做一番统计便不难看出，虽然老牌的东部名校仍在总体上占有优势，但西部新校的雄起和锋芒已经不容忽视。尤其是与硅谷新经济密切相关的斯坦福大学，竟然在五大学院的排名中夺取了四枚“银牌”，在奖牌总数上与位列三项第一和一项第三的哈佛大学不相上下，大大超出了耶鲁、普林斯顿、哥伦比亚、宾夕法尼亚等东部名校，大有“问鼎中原”之势。这所斯坦福大学在美国青年学子心目中也赢得了很高的声望，难怪相传前总统克林顿的女儿报考大学时，为了能进斯坦福大学，而心甘情愿地放弃哈佛和耶鲁。

此外，加州大学的两个分校伯克利分校和洛杉矶分校也都榜上有名。这两所大学在 1999 年就已经双双入选全美最好的前 25 所大学的名单。而昔日名不见经传的加州理工学院，竟然在博士班排名榜上摘去了两项桂冠。着眼于未来的发展，如果美国西部新崛起的高校有朝一日像 NBA 赛场上的洛杉矶湖人队那样在同东部的角逐中获胜，我想人们是不会感到太惊讶的。

可以预期，在科教立国的美国，人们的名校崇拜情结不会消退，但是常春藤在往昔那种独领风骚的局面，恐怕已经难以为继了。

美国学生看《列女传》

我应邀来耶鲁的首要任务，是和研究院的孙康宜教授合开一门博士课程，名称是“中国的神话、文学与文化”（Chinese Myth, Literature and Culture）。开学前拿到教材时我发现，孙教授已将拙书《高唐神女与维纳斯——中西文化中的爱与美主题》的有关章节印入这门课的课本里了。这个博士班有7名学生，分别来自美国本土、马来西亚、中国大陆和台湾地区。他们都经过多年的汉语训练，能够直接阅读古文。但授课语言仍为英语，必要时可以穿插一些汉语的说明。

耶鲁的博士班课程以讨论课为主，大家围桌而坐，有点像小型的圆桌会议。教授在课前布置好预习的文本及讨论题，课堂上只做一些提示和穿针引线的工作，约一半的时间用来讨论，学生可以自由发表见解。这要比我们习惯的“满堂灌”式教学更能体现教学相长的意义。又由于师生们彼此之间有不同的文化背景和价值观念，大家在一起交流时就常常能够产生相互碰撞、相互启发和相互陌生化的双赢效果。这种体验是我在本土文化之内当了10多年老师所未曾有过的。下面只是其中的一个

1999 年耶鲁大学，课堂师生合影

小插曲。

1999 年 11 月 3 日这天上午，由台湾大学在哈佛做访问学者的梅家玲教授主讲《列女传》。这是一个非常典型的中国古代文本。我们熟悉“三从四德”之类纲常伦理的中国人对此已经司空见惯，而在女权主义无比兴旺的美国课堂上，人们会如何看待《列女传》这样的父权制社会针对女性的道德教本，是十分有趣的现象。

首先的反应是出于“文化震撼”（cultural shock）的惊讶感：怎么世界上还会有这样的女人？每当纲常道德与女性的生命存在发生冲突时，那就只有用女性的死亡为代价来证明道德的胜利。女人只能作为良母教子或贤妻相夫来得到社会的褒奖，她们自己的人格到哪里去了？第二个反应就是对中国史传类文本的真实性表示怀疑：这些耸人听闻的东西究竟是虚构的，还是纪实的？第三个反应自然从文本转向作者：刘向用褒贬分明的态度来叙述这些或真或假的列女故事，究竟有什么目的？何种利益的驱使让他如此费心地代替女性立言？

梅教授的看法是，当时赵飞燕姊妹惑乱宫廷，刘向乃有意借题发挥。《列女传》前六篇所褒奖的《母仪》《贤明》《仁智》《贞顺》《节义》《辩通》，皆为无足轻重的幌子，只有第七篇《孽嬖传》才是重心所在。其赞词云：“惟若孽嬖，亦甚曼易。淫妒荧惑，背节弃义。指是为非，终被祸败。”这很可能是有为而发的春秋笔法。

在美国学生看来，最不可思议的还是《贞顺传》和《节义传》的篇尾颂赞词，什么“终不更二，天下之俊”，什么“惟若节义，必死无避。好尚慕节，终不背义”，华夏语境中的这些掷地有声的豪言壮语，在美国语境中听起来却犹如痴人说梦与疯人呓语。至于宋公伯姬在宫中失火

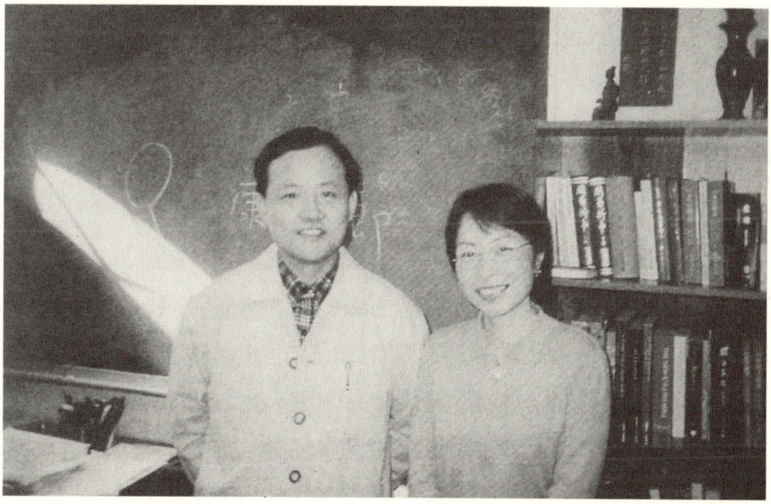

作者与梅家玲教授在课堂里合影

的情况下为了遵守礼法而不敢擅自离开、宁肯被活活烧死的事迹，居然也会得到社会的高度赞许，最讲究个人自由的美国人可是无论如何也想不通的。

中国古人眼中的女性楷模，到了美国人眼中就成了不可思议的怪物、愚不可及的白痴！是我们中国人自己看错了，还是美国人看走了眼？

这里的文化差异对于理解不同民族在不同时空中的生存状态和所尊奉的价值体系，显然是无法回避的。似乎文化反差越大，就越能给对方习以为常的东西起到震撼和颠覆的效应。

我过去一直对刘向、刘歆父子崇敬有加，因为上古典籍大多经过他们的手才得以传至今日。现在，在美国大学课堂上，被“祛了魅”的刘向一下子改变了形象，他岂止是一位史家和学者，简直就是西汉帝国官方意识形态的自觉传声筒。《列女传》不是历史，而是话语的建构。更确切地说，它是男性中心文化关于女性应该怎样、不应该怎样的权力话语的建构。

下课后，我还意犹未尽地向两位美国本土的学生詹姆斯和克里斯发问：“你们到底怎么看刘向的作品？”他们不约而同地用美国人惯常的那种姿势耸耸肩膀，摊开两手，然后说：“实在不敢恭维了！”

一堂古文课，竟然一下子击毁了美国学生心目中对中国历史的神圣敬畏感和神秘感，有如韦伯所说的“祛了魅”，这真是我始料不及的。

生产列女的那种文化氛围已经一去不返了，但是白纸黑字的列女事迹依然流传着。在今日的文化研究者眼中，她们的道德表率作用已全然失效，但是作为意识形态主宰文化生产的个案，作为话语建构分析的活生生的教材，还是具有其难得的意义。

访耶鲁比较文学系主任

另类“东方主义”：美国学生也喜穿和服

英语语境中的“蛮族人”

黄鹄一远别，千里顾徘徊。
胡马失其群，思心常依依。
何况双飞龙，羽翼临当乖。
幸有弦歌曲，可以喻中怀。
请为游子吟，泠泠一何悲。

握手一长叹，泪为生别滋。
努力爱春华，莫忘欢乐时。
生当复来归，死当长相思。

这是1999年10月13日耶鲁大学东亚系博士班课堂上讨论的文本《昭明文选》所收的苏武诗中的片段。出国几十天后在异国的课堂上读到这样凄厉哀婉的游子话别之词，我不由得鼻间一阵酸楚，思乡之情油然而生。

昭君出塞像（1999 年 7 月摄于呼和浩特）

我纳闷孙教授为什么要给美国学生选取这个民族认同意识强烈的中国古诗文本来做课堂讨论。人类学教给我的一点职业习惯，让我很容易联想到他者文化成员对这些文本的阅读反应。孙老师自台湾来美国已经30多年，所以被看作美国人也是顺理成章的。但她毕竟还有四分之三的华人血统，也许在潜意识中深埋着在族群认同方面的敏感度。

大家被诗中所传达的情绪所触动，讨论十分热烈。话题从作者的身份和作品的真伪之争开始，我简单介绍了在国学界被基本认可的伪托说。不管苏武诗是真实的还是后人伪托的，至少文学素养极高的昭明太子是看中它的审美价值的。也正因为如此，我们今天才能看到由《昭明文选》收录而仅存下来的这些凄婉之作。美国学生感到非常惊讶：你们中国古人怎么连造假都那么感情投入，造出的悲情竟然比真的还真！

孙教授因势利导地把话题引入中国文学中代人立言的写作传统（令人想到富有中国特色的邮局门前代人写信的捉刀代笔者），讲到男人代女人立言的种种“闺怨”、“思夫”类的表现传统。

接下来孙教授又请一位学生朗读李陵的《答苏武书》。读到“远托异国，昔人所悲。望风怀想，能不依依”一句，悲伤的情绪再次弥漫在课堂里，但每个人的反应程度却很不同。

又读道：“自从初降，以至今日，身之穷困，独坐愁苦。终日无睹，但见异类。韦鞲毳幕，以御风雨。膻肉酪浆，以充饥渴。举目言笑，谁与为欢？胡地玄冰，边土惨裂，但闻悲风萧条之声。”美国出生的詹姆斯马上反应说：“我就是异类，我是‘老外’。‘膻肉酪浆’，有什么不好，北京人最爱吃的涮羊肉不就是‘膻肉’吗？如今北京又新流行韩国烤肉，新开的韩式烤肉馆家家生意火爆。李陵怎么不识好歹？”

纽黑文市中心黑人解放运动领袖像

詹姆斯对华夏文学的正统精神显然没有什么认同感，所以他的第一反应对我来说非常重要。我想激发他再讲下去，可是他已经被李陵下面的浩叹征服了："上念老母，临年被戮。妻子无辜，并为鲸鲵。身负国恩，为世所悲。子归受荣，我留受辱，命也如何？"至于李陵下文中再度进入华夷对立模式的话，他好像没有听进去："身出礼义之乡，而入无知之俗。违弃君亲之恩，长为蛮夷之域。伤已！令先君之嗣，更成戎狄之族，又自悲矣。"

顺着詹姆斯的反应，我开始反思的问题是：李陵笔下的汉族中心主义情结如此强烈，我以前在国内读书时为什么一点都没有察觉呢？现在看来，还是一个文化身份的问题。原来自己在阅读此类文本时，是早已被"苏武牧羊"和"昭君出塞"之类汉族故事的文本所铸塑成的汉人文化共同体中的一个成员。由于文化认同的作用，诗中所说的"异国"、"异类"，当然就被我不假思索地当成了自己眼中的"异国"、"异类"。既然"异"人之所异，自然也要悲人之所悲了。相比之下，詹姆斯不但不异李陵之所异，反而自觉地与异族相认同，他在这一身份层面上也就不会悲李陵之所悲了；只是在儿子和丈夫这一身份层面上，他才终于被李陵的冤词所打动。

如此看来，造假的苏武诗作者，至少在通过文本来建构和强化汉族的族群认同感方面，做得非常成功。从这一意义上看，究竟是哪位才思敏捷的个人伪托出苏李赠答诗，似乎并不重要了，值得敬佩的是他的文采。因为我们好像明白过来了：当年的大汉族主义意识形态主宰下的文化再生产机制，才是最大的造假者吧。

这堂课下来，我竟有胜读十年书的感觉。以儒家的"华夷之辨"

耶鲁大学博物馆藏古代墨西哥人石雕头像

为主流话语的华夏正统意识，如何在数千年的历史中发挥作用，使所有沉浸在该文化中的人习焉不察，视为天经地义？如今我远在大洋彼岸的异国课堂上，身边这些黄发蓝眼的异族学生才帮助我明白此中的道理。由此显示出的文本、种族与文化认同的密切关系问题，非常值得深思。

大家讨论汉将李陵为什么与这些异族人如此格格不入时，都不自觉地使用barbarian这个词。它在英语语境中既指异族人，也指“野蛮人”，即未达到或接近西方文明水准的低下的、原始的、落后的族群。族群是人类学研究中的重要范畴，尤其在近年来受到广泛的关注。但当今的主流人类学已倾向于放弃“野蛮人”、“原始人”这些欧洲中心主义和种族主义色彩强烈的措辞，改用更加中性化的“原住民”一词。现代性的危机促使一种在西方文明之外寻找生存理想的可能性变得更加诱人，“野蛮人”的语义联想空间又偏向了乌托邦化。曾在澳洲原住民地区和西藏做田野考察的威泽福德（J.M.Weatherford）把自己的新著命名为《野蛮人和文明：谁将存活？》（*Savages and Civilization：Who will Survive？*），可见西方知识分子的自我反思与自我质询背后的深层忧虑。

然而，我们汉语中这些类似的措辞还远未得到清算。换到与中国文化完全不同的时空背景里，这些措辞还能显示出非常有趣的张力。一位移民美国的朋友问我加入美国国籍的这个词“入籍”（naturalization）在古汉语里应该怎么说，我想了半天，答道：“既然古人把近邻的匈奴也视为‘异国’和蛮族，那么远在天边的美国就更不用说了。naturalization 在古文中该叫‘蛮夷化’吧”。

没想到，他的回应更加幽默：

“什么？蛮夷化？我听祖父讲我家祖上可能出自古代西域的康居国，本来在汉人眼中就是蛮夷，后来进入了汉族文化圈，算是归化了吧。这次我再入美籍，那就是‘再蛮夷化’了！”

我们都仰头大笑起来。

“孔子喝酸菜汤吗？”

同哈佛、普林斯顿和哥伦比亚等名校及其名系相比，耶鲁大学的东亚系只能算是一个小系。一座古旧的蓝色二层小楼处在学校区边缘的街口，楼内除了教员的办公室外，仅有几间不大的教室。每次登上楼梯时都会听到咯吱咯吱的响声，如果楼下有人在上课，肯定会被楼梯的震颤和响声所干扰。与英语系的庞大石质建筑或法律系的富丽堂皇气象相比，东亚系在校内的地位似乎显得微不足道。东亚系的老师们也常常为此而抱怨几声。好在近十几年以来学习汉语的美国学生呈现逐渐增加的趋势，一方面由于中国的对外开放吸引了众多的美国公司拓展东亚方面的业务和市场，懂汉语的毕业生容易找到相应的职位；另一方面也由于移民美国的华裔数量增长较快，他们在美国出生的后代也需要到大学里补习中文。这样就多多少少维系了东亚系的“人气”，使汉语教学同日语、韩语教学一样，成为综合性大学不可缺少的环节。

东亚系现有师资力量除系主任一人和系秘书一人外，全部是教学第一线的老师，按照语种分为中文、日文、韩文三大块，似乎不可能出现

初到耶鲁

国内高校那种人浮于事的状况。一般每个语言教师一学期内要带不同年级的几门课程，所以几乎天天都在教室里，课外时间还有大量的作业和作文批改任务，工作强度相当大，从事科研只能凭个人的兴趣和意志挤时间为之了。

因为自己做过多年的中文教师，又对语言文字有特殊的兴趣，我带着很大的好奇旁听了几次汉语教学课程，还帮助教师看过学生的汉语作文。我听到汉语老师之间经常用来开玩笑的一句话是：“孔子喝酸辣汤吗？”

原来，一位低年级的华裔美国学生在现代汉语的造句练习中写下了这样一个问句，任课老师就是觉得不对劲，不像我们中国话，却又说不出这话有什么语法错误，有一种哭笑不得又无法纠正的无奈感觉。于是，我也学会了这个玩笑话，回国后好久都忘不了，动不动就要说给别人听，听者当然都觉得好笑。仔细琢磨，造出这句话的美国学生并没有错在文法和句子结构上，而是错在文化体验上了：他无法把公元前 5 世纪的孔子和今天现代汉语中的“酸辣汤”有效地区分开来，甚至误以为现在美国的中餐馆里可以吃到的酸辣汤是 2500 年以前鲁国就有的佳肴呢。

不过，回头一想，此类误读现象是古已有之的。《庄子》在《逍遥游》里所讲的“宋人资章甫而适诸越”的故事，不也是如此吗？至少这位同学没有写下“孔子喝可口可乐吗？”这样更加离谱的文化误读之语。我们当然不能指望跨文化理解的复杂问题在语言教学的课堂上就能解决。

在美国的大学里生活，类似的文化误读现象似乎无处不在。如果仅仅是多一点笑话，那也就罢了；可是偏偏有时误会闹大，导致一些意想不到的后果。下面就是一例：

一位好心的老师在阴历八月十五这天的汉语课上带了一盒月饼分给同学们品尝，也算是帮助大家实际感受中国的民间风俗吧。可是，没想到竟会有学生向校方告状，说中文老师不好好备课，在宝贵的课堂时间里拿小食品来打发我们美国学生！在我们听起来，这事情可真有点不可思议，好心没好报，甚至狗咬吕洞宾。可是如果我们设身处地地站在美国学生的立场看，这告状者也有他的道理：学生选课给校方交付了可观的学费，如果在课堂时间里没有学到应学的语言知识，那就好比钱白花了，让人觉得上当受骗，有如消费者花钱买到自己不想要的商品。

这样一想，事情本身的荒诞色彩就开始消退了，其背后值得我们探究的东西，其实是一种文化观念上的冲突。说得简单一点，那就是我们中国人所习惯的人情味和美国消费社会培育出的法律意识之间的冲突。这种文化差异导致的误解如同“孔子喝酸辣汤吗？”一样，正是人类学家力求捕捉和辨析的细微精妙的文化特质之所在。而一般人没有这方面的职业训练，自然对此类事情不会特别留心，只是当作笑谈而已。

我想，有了这次被告状的经历，这位老师再逢端午节，也不敢把粽子拿到教室里去分享了。但愿他碰到如下的汉语造句不会无动于衷：

“孔子喝酸辣汤吗？”

“文化间的沟通”及其心理障碍

中秋事件之后不久，我在耶鲁的书店里读到一本叫作《文化间的沟通》[1]的书，厚达400多页，作者名叫弗雷德·简特（Fred E.Jandt）。该书专门讨论如何克服跨文化理解和交流的障碍，对于分析“孔子喝酸辣汤”一类文化误读问题的根源很有帮助，窃以为能够作为迎接地球村时代的公民的必读手册，兹摘记如下：

《文化间的沟通》一书共分5部分21章：第一部分《文化作为语境》，包括1—4章，分别讨论有关文化的定义、界定作为一种文化因素的沟通、文化间沟通的障碍、思维定式和偏见的障碍作用。第二部分《影响沟通的文化差异》，包括5—9章，讲到的问题是：非语言交流、通过语言了解文化、语言作为障碍、文化对感知方式的影响、文化对知识的影响。第三部分《影响沟通的文化模式》，包括10—14章，分别探讨妇女、家庭和儿童，文化的诸层面，处于主宰地位的美国文化模式、比

[1]*Intercultural Communication*，Sage Publication，1995.

耶鲁东亚系博士班课堂

较文化模式的个案研究、文化间的接触。第四部分《文化之中的文化》，包括15—19章，讲的是移民与文化同化、反抗同化的力量、确认一种文化身份的力量、建构文化、文化身份与亚群体。第五部分《未来》，包括20、21章，讲到多元文化主义和文化间沟通的改进。

看了这样的全书主题和结构，人们也许会隐约意识到它所论述的问题的重要性与迫切性，因为在我们自己国家的大学课堂上和较为保守、滞后的学科划分上，还不常看到这样具有鲜明特色和现实指导意义的文化理论著作。由于大学里普遍没有开设文化人类学课程，中国高等学校在文化理论方面非常薄弱，处于相当不利的地位，尤其是面对改革开放以来文化交往日益频繁和普及的新情况，我们急需在这方面补课学习。

孔子有句名言——“己所不欲，勿施于人”，而文化间沟通的一大心理障碍可以套用孔子的名言，称为“己所欲而施于人”，指的是那种按照本文化的思维习惯去看待或要求他者文化成员的一厢情愿式的做法。其实，国际关系上的许多争端和死结，都是由这种“己所欲而施于人”的文化误读所造成的。文化人类学上有一个术语——“我族中心主义”，正好可以说明“己所欲而施于人”心态的症结所在。弗雷德·简特在该书的第4章讨论文化间沟通的6种障碍时提到，出于我族中心主义的思维定式，人们总是习惯于以己之心去衡量他者。如美国人喜欢自称Americans，就是把自己看成美洲人，而忽略了南北美洲其他民族也是美洲人。一个人按照自己的文化习惯行事，在本文化中不会有什么问题；可是当他在异文化中仍然按照本文化的习惯行事，就难免有处处碰壁之感。其主要的表现是在异文化中设想和本文化相似性的一面，而想不到相异性的一面，也就是以己之心，度人之腹。

作者在佛蒙特试乘“老爷车”

值得一提的还有，《文化间的沟通》以中美两国之间的文化交流为案例，说明我族中心主义偏见如何导致对异文化的丰富性和知识的拒斥，阻碍人民之间的思想和感情交流。作者尖锐地指出，官方的意识形态争议和传媒所制造出的中国形象具有很大的片面性，它使得一般美国公众意识对中国的看法总是纠缠在三个问题上，那就是几乎成为老生常谈的计划生育、天安门事件、人权问题。积重难返的结果，使美国人一讲到中国，就自觉不自觉地回到这三个问题上了。作者认为，这是因为“我们缺乏对中国文化及其丰富的历史的了解而导致的交流上的障碍”。

弗雷德·简特对当代美国人头脑中的中国偏见的揭示，可以说是一针见血的。这种自我反思的见解也可以反过来启迪我们中国人。冷战时代的传媒给不同国度的人们留下的跨文化偏见太多也太深，使不少人在冷战结束后的全球化时代依然按照原有的政治对立思维去看文化间的问题。也许，我们这一代中国人从《竞选州长》和《百万英镑》一类小说及影片中留下的美国印象，总是和“虚假民主”、“金钱万能”等阴暗面联系在一起的。好多国人到美国生活和体验以后，才逐渐地对美国文化中那些积极的和充满活力的因素有所体认吧。

不同的文化铸塑着不同的人，同时也生产着不同的文化偏见。俗话说，谎言重复千遍也会变成真理。只有充分地警觉到这种政治意识形态支配下的文化生产机制及其以假当真的魔力，人们才有可能走出文化偏见和成见的广阔沼泽，重新面对一个真实的世界。

美国人看“计划生育”

上文谈到，《文化间的沟通》一书的作者弗雷德·简特如何批评美国公众心目中的中国形象。长久以来，美国媒体一讲到中国，首当其冲的第一大问题就是攻击中国的计划生育政策，认为那是违反和侵犯人权的暴行。我不知道这种普遍的攻击和指责究竟是怎样开始的，但我很清楚，整个西方世界在这个问题上都对中国抱有极大的偏见。早在 1990 年访问澳大利亚时，我就不得不一次又一次地向澳洲朋友解释什么是计划生育，它在中国的城市和乡村是如何实施的，对违反该政策的人有什么样的惩罚措施。后来，我在加拿大、美国短暂逗留期间，也不断碰到类似的疑问。看来西方媒体对中国计划生育的反映是严重失真的，至少在西方公众心目中留下了极其可怕的印象：计划生育好像是当代中国违反人道的最大耻辱。

这次在耶鲁，1999 年秋季学期结束之前，我好奇地借来某汉语班同学的中文作文考卷来看。一位名叫 Z 的学生写了一篇很短的文章，题目是《人口太多》，引起我很大的兴趣。我特地复印了一份，算是自己在

耶鲁大学历史系教授史景迁给本科生讲中国现代史

美国顶尖学府田野作业的第一手资料吧，现拿出来与中国读者分享。作文是这样写的：

中国的人口实在太多了。如果你参观过中国大陆，你就会认识到这一问题的严重性：居民负担不起家里的生活费和孩子的学费（美国低收入家庭享受政府的生育津贴，每生一个孩子有数百美元月收入，而且小学到中学都是免学费的——引者注），食品和环境都不卫生，到处都挤得要命，所以，人与人之间的关系也不太好。比如，很多人都不遵守社会秩序，在售票处和公共汽车站总是有不少人不排队，随时都会有人找机会骗你（这太夸张了一些，不过作者肯定受过骗，不然不会如此偏激——引者注）。我曾问北京人："为什么会出现这些现象？"他们回答说："哎呀！人口太多，你只能管你自己和你的家庭，谁也没有办法呀！"对我来说，看见他们的这种态度，当然是很难受的。

中国的人口太多，也会对世界造成影响。人口多自然需要更多的食物，要生产更多的粮食就得开辟更多的农田。每天一大块土地变成农田，每天农民砍伐一片森林。而且中国只有这么多地方能长大米、玉米和小麦，科学家预言，中国很快就不能生产出足够的粮食了（不知是在哪里看到的科学家之言，恐怕有点危言耸听——引者注）。不但粮食，人还需要木头、供水和石油，等等。地球的资源是有限的，所以"太多的人口"不只是一个国家的内政，也是一个涉及全球环境保护的大问题。

所以我能理解为什么中国政府要立法搞节制生育（理解万岁！——引者注），我相信住在中国大陆的人都了解这件事。美国和欧洲各国的政府不停地批评中国的节制生育政策，他们确实太不懂中国的经济情况与人口以及生态之间的关系了。不管怎么说，中国人民的福利和地球的幸存是比什么都重要的。中国应该努力做好节制生育的工作，这不但对中国人民有益，也对西方和全世界有好处。

在我的建议下，这篇作文得了 A 分。虽然字数不多，标点也成问题，可它还是在全班名列前茅。我隐约地感到，从这篇文笔尚幼稚的作文中可以学到的东西，好像就是人类学者借助于文化他者眼光的反观自身之效。能否借助他者眼光，成为反观自我之必要条件。

2001 年 7 月，我的老友、哥伦比亚大学东亚系的 W 君第二次带领美国学生来北京进行暑期班的汉语实习。为了让土生土长的美国青年能够真正了解中国人的生活实况，带队教师专门安排了入住到中国家庭的项目。这不仅为学习汉语口语的美国学生提供了极好的语言环境，也成为他们亲身感受和了解中国国情的一扇窗口。W 君告诉我，学生住进中国人的家庭后有一个意想不到的收获，那就是明白了一个事实：中国的父母大多情愿实行计划生育，并不是政府残酷迫害和严刑峻法逼迫下的不得已选择。他们在中国所看到的，和他们在美国传媒渲染下所设想的情况，竟然如此不同！以致许多学生对美国媒体的公正性产生了怀疑。与此相应的是，他们对中国的感情和同情随着认识的加深而加深了。看来中国的古话“眼见为实，耳听为虚”太有道理了。

听布鲁姆讲课

孟子曾言："读其书而不知其人，可乎？"

古代的知识精英圈子较小，写书传世的人更是凤毛麟角。读书人了解写书人，在那时不是难事。现代的传媒技术使书的生产如同鲤鱼摆子一样容易，读书人进了书店就有目不暇接之感，"知其人"的教训于是很难兑现。

我们这一代人文学子在20世纪80年代的学术开放中一下子突然接触到许多西方理论家，很多在以前都是闻所未闻的。刚刚从庸俗社会学的僵化思路中解脱出来的我们，如饥似渴地阅读和讨论着精神分析、结构主义、接受美学、读者反应批评、解构主义、阐释学等一切对我们来说新潮的东西，希望从中得到真知灼见和有效的文学研究方法。那时的情形有些鱼龙混杂，高下难辨，知人论世当然更做不到了。那时的洋教授们似乎离我们很遥远，完全是可望不可即的。

记得在1988年，我根据在图书馆看到的洋书，写了一篇介绍哈罗德·布鲁姆（Harold Bloom）批评理论的文章《影响的焦虑》。当时怎

耶鲁大学英文系所在的高街一景

么也不会料到，10 多年后自己能有机会毫无焦虑地当堂听哈罗德·布鲁姆讲课。

2000 年 1 月 20 日，大雪，离我离开耶鲁的日子不远了，转道夏威夷回国的机票也已拿到手。可我总觉得此行缺憾很多：一些重要的书还没来得及读，一些杰出的教授学者还未曾一见。这天上午 10 点，我从比较文学系走出来，内心又浮现出孟子的教诲，于是按照课程表找到哈罗德·布鲁姆上课的教室，悄悄地在后排找个空位子坐下。

这是英文系本科生的选修课。耶鲁一向以强调本科教育而著称，再有名的大教授也要亲自给本科生上课。能容纳 60 人的教室几乎满座，慕名而来的听者不在少数，仅从学生的发色上就可以体会到多元文化的色彩。布鲁姆提前 5 分钟就到了，背着手在走廊中踱步。作为耶鲁仅有的几位世界级人文大学者，且已年届七旬，校方给予他特殊待遇，聘为“斯特灵人文学教授”（Sterling Professor of the Humanities），有豪华的卡迪拉克轿车专人接送他上下课。美国高校的师资流动性很大，当年与布鲁姆共事的英语教授大多不在耶鲁了。而 1955 年在耶鲁英文系拿到文学博士学位后便留校任教的他，如今已经为耶鲁工作了整整 45 年。

他看上去精神抖擞，发胖的体形使行动略显迟缓，讲课时一动不动地坐在扶手椅中，与此形成对照的是三寸不烂之舌的快速运动：他口才极佳，用我们成语中的“滔滔不绝”或“口若悬河”来形容，一点也不过分。同他的讲课风格一样令我始料不及的是他讲的内容。本以为这位理论创新能力极强的批评家会大谈文学理论，可实际上他却只在如数家珍般地串讲和分析作品——不是什么时髦的后现代作品，而是爱默生的诗歌。

作者与布鲁姆教授合影于课堂

21 世纪的英文课堂上仍由 20 世纪的解构主义大师讲授 19 世纪美国诗人的作品！这着实会令不少人感到惊讶。我早知道布鲁姆是英国浪漫主义诗歌的专家，他当年的学位论文就是研究雪莱的。可我没想到他对爱默生的作品熟悉到如此程度——能够一边背诵一边赏析，很像老派的新批评所崇尚的文本细读，既没有应用他自己的“影响的焦虑”论，也闭口不提他较新的“西方经典”论，好像是在半世纪以前的文学课堂上授课。

我见过一篇报道《文学批评是游戏还是骗局》，作者很尖锐地批评了耶鲁的文学课。文中讲到一位来自英国牛津的毕业生埃克林，对耶鲁的文学专业向往已久，终于得到机会考入耶鲁的博士班攻读学位。可是一年后他却逃之夭夭，抱怨说自己无法忍受教授的讲课内容。文中写道：“在文学批评班里，没有人享受文学，没有人会说自己刚刚看完一本很好看的书。分析比文本重要，批评者亦比作家重要。埃克林表示，在研究《坎特伯雷故事集》的课上，《故事集》的评论矮化了《故事集》。学生们要评论关于乔叟的书，或评论关于乔叟的书的评论，在评论的评论中，乔叟消失了。”我相信这是当今文学课堂上较普遍的现象。人们把 20 世纪称为批评理论的世纪，并非偶然。我来美之前在成都举行的比较文学研讨会上，刚刚领教过前国际比较文学学会会长吉列斯比教授的大声抱怨：“文学课堂上已经没有文学了。”没想到这次来到批评理论的重要发祥地，却能够再度邂逅文学。

带着好奇心，我在课间休息时向布鲁姆请教如何处理文学与理论的关系。他风趣地回答说：“我讲的是文学，写的是理论。”看来“我手写我口”、“文如其人”一类的说法，在布鲁姆这里完全不适用。作为讲说者的布鲁姆是感悟力超群的文学鉴赏家，而作为书写者的布鲁姆则是处在弗洛伊德、弗莱等的“影响的焦虑”下的理论弑父者。口说和笔写难道能把一个人格切分成两个？这使我想起布鲁姆当年的法国同事德里达的一部书《写作与差异》。写作果真有这么大的差异作用吗？难怪我们中国的智者要说“人生识字糊涂始”了。

这次贸然在布鲁姆课堂听讲给我留下了难忘的印象：不仅批评家布鲁姆不如作家爱默生重要，而且超验主义理论家爱默生也不如诗人爱默生重要。

新理论没有了，文学还在！

现实的布鲁姆让我重新领悟了孟子的话：“读其书，而不知其人，可乎？”

圣母与象粪

我国古书里有“佛头着粪”的故事，后来因为人们喜闻乐道，便逐渐传为一个成语。《景德传灯录》卷七“湖南如会禅师”条云：

崔相公入寺，见鸟雀于佛头上放粪，乃问师曰：“鸟雀还有佛性也无？”师云：“有。”崔云：“为什么向佛头放粪？”师云：“是伊为什么不向鹞子头上放？”

从字面上看，这个故事好像是在说鸟雀的欺软怕硬，另一方面也可反衬我佛慈悲。我们在《动物世界》一类影视节目中，常可看到小小的鸟雀在大象、河马、鳄鱼等庞然大物头上活动的场面，对鸟雀的这种嚣张举动已不会感到惊讶。古人用此典故比喻亵渎神明、轻慢神圣一类的事情。明代范泓《典籍便览》记载：“欧阳修作《五代史》，或作序冠其前。王安石曰：‘佛头上岂可着粪？’”

事过境迁，昔日的冒犯和亵渎，如今都成了时髦。把最神圣的东

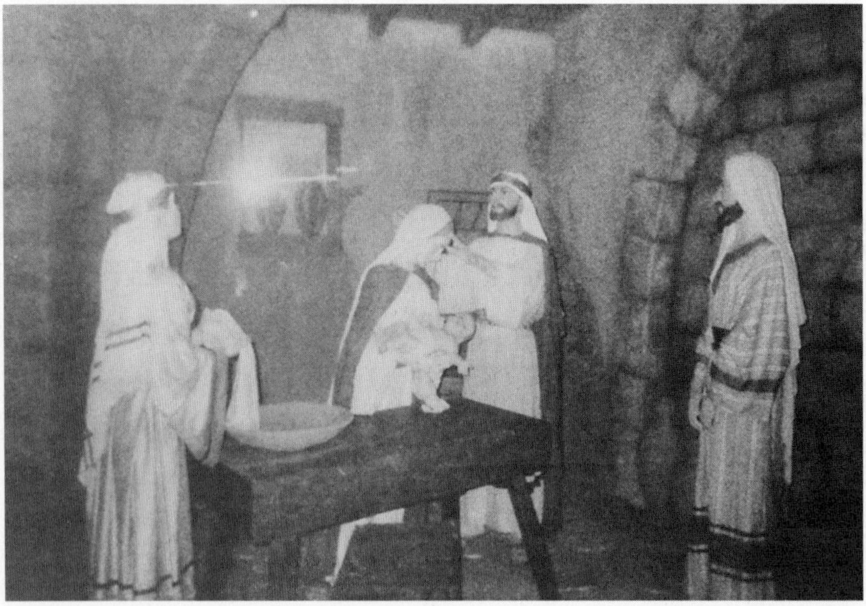

圣母与耶稣降生模型（1996 年摄于加拿大）

西同最不神圣的东西结合在一起，本是以颠倒传统价值为特色的现代主义和后现代主义的表现技巧。现代艺术史上，诸如《长胡须的维纳斯》《便壶》等著名作品也已经逐渐让大家司空见惯、见怪不怪了。现代人似乎学会了心平气和地看待前卫艺术家的种种大胆实验。可是，这个秋季的纽约却因为一件类似“佛头着粪”的事件而闹腾得很厉害，不仅全美国的各大媒体争先恐后地大肆炒作，渲染为“世纪末的艺术大论战”，连政界两党、法律界要人也不得不出面表态，显然已升格为轰动一时的政治事件。

事情是这样的，纽约市布鲁伦美术馆举办的前卫艺术展“感触（Sensation）——沙奇英国青年艺术家收藏品”，有一件展品是用象粪涂抹而成的圣母像，招致纽约市市长朱利安尼的激烈批判。他称这个展览是“令人作呕的东西”，还宣称要为此削减市政府资助该馆的每年720万美元的艺术基金，解散该馆的董事会，甚至扬言要永久性地关闭这个美术馆，不再让纳税人的钱白白浪费在如此荒唐和不堪入目的亵渎游戏上。宗教界也有不少人士发表抗议，声讨这种明目张胆的“亵渎圣母玛利亚的罪孽”，要求讨个“说法”。谁知布鲁伦美术馆也不是好惹的，它搬出《美国宪法修正案》中保护言论自由的条款，据理力争，要和市政府对簿公堂。馆长还声言这个前卫艺术展能够“激发、挑战及提供给观赏者前所未有的视觉感受”。艺术界人士和大学教授们也多站出来捍卫艺术自由。

由于这场争论震动了白宫和国会，总统克林顿和竞选下届共和党总统候选人的小布什，以及总统夫人希拉里等都公开表态。媒体上的讨论从开始时的“艺术乎？亵渎乎？”转变成“宗教乎？政治乎？”。艺术

耶鲁大学图书馆的仿教堂背景

新港华人教堂的施洗礼：女牧师的圣水给受洗者带来新生

自由问题背后透露出的是政治民主的问题。舆论开始追究市长的潜在动机：为什么他在明年有意竞选国会参议员前夕，发动这场争论？莫非是要在舆论方面为自己捞取政治资本，在宗教和保守人士中多得一些选票？看来，万变不离其宗，我们在《竞选州长》里早已熟悉的那种围绕选举而滋生的种种事端，实在令人生厌。不过，出于职业习惯，我对这件事的兴趣主要还是在于跨文化理解的学术意义上：用象粪来画圣母，究竟是不是故意的亵渎？

这位非洲裔的英国艺术家说得很明白：以象粪为材料，本是其非洲家乡创作圣像的一种传统技法。他之所以这样画，既不是为了亵渎，也毫无哗众取宠之意。人类学家提供的情况还表明，大象是非洲人心目中的圣物，象粪象征着崇高，这和西方天主教徒心目中的圣母几乎是类似的。用非洲人心目中的崇高之物去表现欧洲人的崇高圣母，又何错之有？如果真有错，那也是错在不同文化之间的误解和隔膜上。纽约市市长朱利安尼是意大利裔，对于天主教的教义当然了如指掌，可是他对非洲象粪的意蕴却根本不了解。他对象粪圣母像的大力批判，也许能为他日后的竞选拉到天主教徒方面的选票，但是同时也可能丧失更多的少数族裔的选票；他或许赢了捍卫宗教自由的票数，却输了捍卫多元文化自由的票数。

我想，随着世界多元化格局的形成，今后各个社会中出现这类由跨文化理解障碍所引发的纠纷的概率只会更高。解决纠纷的途径最好是不要放任媒体炒作，乃至闹到政府、党派和法院上去，只要请跨文化理解的专家——文化人类学者出面加以调研，就能给出令人信服的说法。象粪圣母，毕竟不同于佛头着粪。

初识龙应台

龙应台的名字在海峡两岸早已如雷贯耳。大概继柏杨、李敖之后，台湾杂文作家中火力极冲的就要数龙应台了。由于是女性的缘故，又时常来祖国大陆探访、做讲座，龙应台近年在祖国大陆受媒体关注的程度，似乎不亚于当年的言情小说作家琼瑶和三毛。像上海的《文汇报》和广州的《南方周末》都为她开辟过个人专栏。不论是关于李登辉的政绩优劣，还是关于“上海男人”一类的生活话题，都特能吸引舆论界和大众的目光。媒体以“龙卷风”的比喻来形容她对于文坛的冲击力和影响力，很容易让人联想到威猛无比、艺高胆大的女豪侠。

龙应台的《啊，上海男人》，用一个外来女性的眼光审视这个东方最大都市的男性，试图将作为一个地域群体的上海男人的人格特征加以描述和归纳。像精明、敏感、脆弱、温柔、细腻、琐碎、小气、怕老婆、勤于家务等各个方面，文中都描写得真实细致。但是由于打击面太大，犯了众怒，一时间惹得大上海的众多男士愤愤不平，以为人格尊严受到侮辱，不少作者甚至公开声称要与龙女士过招，为“上海男人”讨回公道。

台湾出版媒体塑造的龙应台形象酷似李小龙

1999 年，在郑愁予家中聚会（左四郑愁予，左五龙应台，右一苏炜）

众多媒体对此事竞相关注，热度经久不衰，甚至闹腾到海外的华人圈子里。一些西方听众从 BBC 节目中听到《啊，上海男人》后产生了另一种反应："这样的男人不是很好吗？"

1999 年 10 月，结束在德国的旅居生活并刚刚走马上任台北市"文化局长"的龙应台，以私人身份到美国新英格兰地区访问。除了在康涅狄格州首府哈特福德市参加一场华人学术会议外，还要分别在耶鲁和哈佛做两个讲座。21 日下午，龙应台按计划到耶鲁大学东亚研究委员会所在的鲁思楼会议厅开讲她的《双城记：两岸的文化思维》。

乍一看海报上的题目，或许有人会误解为是对狄更斯小说《双城记》的分析。其实她讲的是在北京与台北僵持不下的当前格局中，可不可以从海外华人的第三方角度提供一个另类思考的方向。无疑她是向往祖国统一的，但是一开始她就急于表明不谈政治的态度——"政治短命，文化长久"，还有什么"北京打喷嚏，台北人买米"之类的噱头。

我以半个主人的身份参与了东亚系同仁们的接待活动，先是在一个朋友的办公室里举行的碰面会，学者们相互介绍、送书、谈话。龙女士签名送我一本新出的《百年思索》，看那封面上的作者像造型，竟有几分像名扬四海的中华武术高手李小龙。我送她一本在上海出版的《阉割与狂狷》，希望能就中国男性的人格问题讨教一二。讲座后照例有一个晚宴，饭后又到郑愁予先生家聚会饮酒。一天之内几次面对面的接触使我了解到，由媒体塑造的龙应台与实际生活中的龙应台有多么大的差距。

这位祖籍湖南的湘妹子、堪萨斯州立大学的英美文学博士，带着十足的自信，用一口流利的英语讲了足足一小时，还很善于把握听众的情绪起伏节奏，显然是久经唇枪舌剑沙场考验的。不过，学究气重一些的听者不太满意，好像他们从讲座中没有发现多少学术的火花。对我来说，最大的收获是看到传媒制造的“女豪侠”形象背后那个真实的龙应台，并且由这个活生生的龙应台引发了值得思考的问题：人文学者的特质及其在当代社会中的身份。

讲座留给我印象较深的，是她自述的个人经历中的两个场景。一个是她青年时代从台湾赴美国读书，每当看到同龄的美国学生蹦蹦跳跳地走路，眉开眼笑地说话，就会想：为什么我们不能呢？难道我们中国人天生就是受压抑的性格吗？我之所以对她的这个敏感话题有兴趣，是因为这似乎给我的有关中国文化“心理阉割”的假说提供了活例证。

另一个场景是她有一次在德国入境签证时，站在队列中苦等了近两个小时，感到自己作为一个人、一个公民的尊严受到了侮辱。这使我想起自己 12 岁时因为家庭出身而被学校赶出，当时只知道委屈和无助，尚没有公民的尊严感。对照龙女士的尊严感，我想回应的是：在不同社会的不同处境中，所谓“人的尊严”是有很大不同的。而在我们这个世界人口最多的国度里，个人尊严的含金量却明显不足。什么时候 13 亿人个个都有了公民的尊严的自觉意识，我们能够自立于民族之林的那一天也就不远了吧。

几天后，在哈特福德市的三一学院举行的会议上，我再次与龙应台见面。她说已经翻阅了我的《阉割与狂狷》，没想到我表面文质彬彬的，写东西竟然出手这么凶。我笑着回答说：“只是书名有点吓人而已，内容倒是正面看待男性温柔的，或许和西方读者看你的‘上海男人’一样吧。”她也笑了。

这一次会间又谈到了知识分子的进退出处问题。令许多人不解的一

龙应台于耶鲁大学鲁斯楼会议室讲“双城记”

个疑问是：这位以不遗余力地尖锐批评台湾当局而著称的女豪侠，如今怎么也效法宋江的被招安之路，踏上了“当官”的从政台阶？（我以为从龙应台从政事件中，正好可以透视出知识分子在当代社会中的角色和作用的转换。）对于这个疑问，龙应台自己不愿在公开场合多做解释，私下谈话却透露了一些原委，主要是台北市“市长”马英九的类似三顾茅庐的举动，最终打动了龙女士，使她产生了出山一试身手的念头，希望在文化策划和管理方面能够有所作为，发挥一下比写文章更大的社会作用。看来古代儒家士人“达则兼济天下，穷则独善其身”的进退出处的传统方略，在今天的后工业社会和地球村时代仍然行之有效。她的“重出江湖”却给台湾佛光大学校长龚鹏程在会上讲的台湾“草根文化”做了极好的例证：以出自民间的草根力量的积聚，逐渐形成对绝对权力的制约和限制。

会上有人问到李敖从政的努力。龙应台的看法是，李敖参加竞选进入体制内，从一个旁观者变成一个承担者，或者是赛义德（E.Said）所说的“搅局者”，这本身说明知识分子的积极参与可以在一定程度上改变政治生态。独立知识分子在社会中的作用越是明显，社会民主的程度也就越充分。我们应当寄希望于一种相对独立于政治控制之外的公民社会，这样的公民社会越是强大，政治的力量就会越衰弱，最终就可以有效地限制权力的滥用，“不允许任何权威强大到可以垄断的地步”。我想，龙女士关于李敖从政的看法，是不是间接表达了她自己弃文从政的本来意图呢？

当有人问到她的写作计划时，她表示要暂时搁笔几年，因为她认为“文化局长”的体制内身份使自己不便于再像民间自由撰稿人那样从事批判

作者与采红叶的湘妹子龙应台合影

性写作了。用她的话说：“我不能同时既当裁判，又当运动员。”

如果知识分子从政的实际效果能够与初衷相吻合，那这种努力还是令人钦佩的。可是自古以来官场的腐蚀作用呢？但愿文坛上少了一个女侠的同时政坛上不会增加一个昏官。

会议尚未结束，龙女士的归期已至。临行前的中午，主人临时安排大家到哈特福德市著名的墓园参观。那天的景色奇美，缤纷的落叶打动了每一位来访者。大家都不由自主地捡拾起枫叶来。同行的几个人中捡得最认真、最投入，当然也收获最多的是龙应台。她那欢欣雀跃的样子很像个天真的小孩，和讲台上的严肃冷峻判若两人。她说很久没有见到这么美艳的枫叶了，她要带回台北去送给朋友。

当天下午她匆匆赶往机场时，一只手拿行李，另一只手里还小心翼翼地捧着那一束红叶。从她那远去的瘦小的身影里，哪里能看到金刚怒目的“李小龙”，分明是童心未泯的湖南小妹。

谒容闳

1999 年 10 月 24 日，天气晴好。中午由郑愁予先生驱车，带着来自台湾的龙应台、龚鹏程和来自祖国大陆的我等几人去哈特福德市郊的香柏山公墓拜谒容闳之墓。

晚秋的墓园，笼罩在一派神奇瑰丽的五彩之中。大自然的造化之手竟然将这个逝者安息之处点染得如幻如梦。我们一行六人全都惊呆了，尤其是来自台北和北京的钢筋水泥森林中的三个城市人。幼时从毛泽东诗词里背下的“层林尽染”一句，在这一刻总算得到了感同身受的体会。好一个“染”字，眼前高大的枫树林，红、黄、紫各种奇妙变化的夺目色彩，在蓝天白云和绿草之间，相互映衬，显得格外醉人。

容闳的墓坐落在一个小丘上，墓前有 1972 年台湾的“教育部”新立的纪念碑。周围的大树几乎完全遮蔽了阳光，树叶缝隙间洒进的束束光线，散射在遍地落英上，将墓园点缀得空灵而静谧。

“西学东渐”这个说法是近代以来知识分子常常挂在嘴边的。这一词语究竟是何时何地何人所发明，我不得而知。但有一位自称是美国名

谒容闳

容闳墓碑

校毕业的第一个中国人的教育家，1902 年用英文写的自传被译为《西学东渐记》。他就是耶鲁大学有史以来首次被授予文学学士学位的中国留学生容闳。新版《汉语大词典》“西学”条云：“旧时我国称从欧美传来的自然科学和社会科学。清末容闳有《西学东渐记》。”可见这个说法肯定与这位留美第一人有关。

这种历史上的“第一”，总是耐人寻味的。为什么偏偏是他，而不是别人呢？我思考着这个看似荒唐的问题，于偶然性之中好像窥见了一点必然性。

容闳（1828—1912），字达萌，号纯甫，英文名 YUNGWING，为我国清末著名的教育活动家，开创留学教育先河的功臣。他 7 岁就学于英国传教士所办的学校；1841 年进了澳门马礼逊学校，后随马礼逊学校迁往香港；1847 年随该校校长、美国传教士布朗赴美留学，入马萨诸塞州孟松学校；1850 年考入耶鲁大学，学习法律；1854 年获耶鲁大学文学学士学位，毕业回国。回国后，他先任美国驻广州代理公使派克的秘书，后在香港高等审判庭、上海海关翻译处、上海宝顺洋行任职，并有三年经商活动。1860 年，他曾到太平天国国都天京（今南京）访问，会见了干王洪仁玕，向其提出七项建议：一、组织一良好军队；二、设立武备学校；三、建立海军学校；四、建设善良政府，聘用富有经验之人才，为各部行政顾问；五、建立银行制度，及厘定度量衡标准；六、颁定各级学校制度，以耶稣圣经列为主课；七、设立各种实业学校。容闳以为革命政府能接受他的建议，然而在天京看到农民革命的内部矛盾时，他意识到太平天国领导层只不过是一些草莽英雄，不足以成大事，只得失望地离去，转而寻找其他政治力量来推行他的改良计划。他于 1863 年入曾国藩幕，被委派筹建江南制造局，赴美国选购机器；后又向曾国藩建议在制造局内附设兵工学校，为中国培养出了第一批熟练的工人和工程技术人员。从这些事迹看，容闳可以称得上是近代史上首倡“科教兴国“的先驱。

他一生最大的愿望和最大的功绩是兴办教育。早在耶鲁时，他就萌发了选派本国学生出洋的念头，试图引进“西方文明之学术以改良东方之文化”，“使此老大帝国，一变而为少年中国”。1868 年他通过江苏巡抚丁日昌向清政府条陈数事，其中包括选派青少年赴美留学。1870 年他再次向曾国藩提出四项条陈，其中的第二条是，选派学生 120 名到外国去留学 15 年，以供国家日后之用。他所拟的办法是先派 30 名出去，如成绩优良，即可引以为例，按期选派。留学生出洋应有中国教员一名随同前去，以便学生不致荒废本国文字，并另派监督两名以资照料；留学生之经费和出洋局之经常费用则可出之上海道库。容闳所提四条，经过曾国藩、刘坤一、丁日昌会衔出奏，请旨批准施行。1870 年曾国藩奉上谕准将四项条陈全部实行。容闳受清政府委派任出洋局总办，并派陈兰彬帮同办理，局内设有中文教授两名和翻译一名，该局主要负责派遣留美学生事务。1871 年，出洋局在上海成立留美学生预备学校，学生须经考试入学，学费、食宿和零用完全由政府供给。1872 年开始招收幼童，考试及格者随即由陈兰彬率领赴美。容闳则先期去美，接洽学生到美国家庭去寄宿和入学等事宜，并先在美国麻省斯伯林斐设办事处，后在康涅狄格州哈特福德市设立永久性办事处。容闳为留学生派遣整日操劳，历尽千辛万苦，终于有了结果，他带领的第一批留美学生，开创了我国官派留学的先河，在中国教育史上树立了一个里程碑。

容闳前后组织留学幼童4批，每批30名，共120名。谁知好景不长，清朝统治者听到保守派的谗言，声称留学幼童都已美国化，数典忘祖，若毕业后归国，不但不能为祖国出力，而且有害于国家。清廷于是下令停办，并令在美的全体学生回国。容闳上书总理衙门，反对召回留学幼童，未准，留学教育计划遂中途夭折。1881年，容闳不得不回国卸职。多年的心血化为泡影，他的失望可想而知。次年他又去了美国，一住13年。

1895年甲午战争战败，又一次激发了容闳的救国之情。他再度回国，先为洋务派出谋划策，后和康有为、谭嗣同、唐才常等共同谋求变法维新的道路。戊戌变法失败后，他出逃北京，潜至上海继续组织改良活动，组建“张园会议”（即中国议会），被选为会长。这次活动失败后，容闳逃亡日本，竟在海船上幸遇孙中山，两人纵论天下，相见恨晚。容闳回顾自己艰辛的救国经历，意识到只有推翻清王朝，中国才有可能走上富强之路。此后，他同情孙中山，还积极支持和宣传革命。1911年辛亥革命成功，建立了共和政体。83岁的容闳虽客居美国，却依然欢欣鼓舞，拥护共和，渴望有重返祖国的一天。

纵观容闳的留学生涯，有两个契机为他率先跨出国门、开创西学东渐的大业提供了基础性的条件。其一是他的降生可谓兼得天时与地利。他生于1828年，正值海禁打开、西方列强的触角伸向东方之时。容闳要是早一些出生，恐怕还没有涉外的机遇；要是晚些年出生，就肯定赶不上出洋的历史头班车了。容闳虽然生逢其时，但是如果祖籍不在东南沿海的最前端，恐怕也不会得风气之先。他的出生地是广东香山县南屏镇，即今日的珠海。与其说是他选择了历史，不如说是历史选择了他。毗邻澳门的环境，使他从小受到基督教传教士文化的熏染。他的小学、中学、留学、大学本科，无一不和基督教有关。从历史机遇为他安排好的人生道路看，他原本很有可能当一名牧师。带他出洋的人，资助他在美国学习的人，还有劝他毕业后回国的人，全都是一个目的：为中国培养一名本土的基督教传教人。

美人中劝予归国最力者，其一为白礼特，其人执业于美国某东方公司中；其二为阿立芬特兄弟公司之主人翁。所谓阿立芬特公司，即八年前曾以帆船载予来美而不取值者。此数人之见解皆甚高尚，其所以怂恿予归中国，非有私意存于其间，盖欲予归国后热心传道，使中国信仰上帝，人人为耶稣教徒耳。[1]

可是，容闳毕竟没有按照这些赞助人的意图成为传教士，却成为一名政治家、教育家，在清王朝覆没的前夕活跃于变法和革命的舞台上。以学问报国，复兴中华，使他不愧于留洋第一人美誉的主观条件。和欧美一些著名学府一样，耶鲁的前身也是教会学校。在报考耶鲁时，容闳只要签下志愿书说毕业后充当教士以传道，就可得到资助，但他没有签。原因如他所述："予虽贫，自由所固有。他日竟学，无论何业，将择其最有益于中国者为之。且传道固佳，未必即为造福中国独一无二之事业。以吾国幅员若是其辽阔，人苟具宗教之精神，何往而不利。然中国国民信仰果何如者？在信力薄弱之人，其然诺将如春冰之遇旭日，不久消灭，谁能禁之？况志愿书一经签字，即动受拘束，将来虽有良好机会，可为

[1]《西学东渐记》，容闳，中州古籍出版社，1998 年版。

中国谋福利者，亦必形格势禁，作视失之乎？”可见，容闳不情愿像《红与黑》中的于连那样穿上黑色教袍，一方面出于他的自由天性，另一方面出于他的报国考虑。他对中国人宗教素质与西方人的差别之判断，使他清醒地意识到传教这条路有不切实际的一面。“如春冰之遇旭日”这样的比喻在我看来很新鲜，如同今人常说的沙滩上盖房子，都是靠不住的意思。由此引发的另一问题是：本土学者对本族民族性的认识是否要高于外来的学者呢？为什么那些传教士意识不到中国人的素质中缺少接受信仰的因子，还要一厢情愿地来传教呢？

我自20世纪90年代以来数度出访，先后到过世界上各主要英语国家，见到的中国留学生、访问学者不计其数。可是像100多年前的留学生鼻祖容闳这样以“为中国谋福利”为己任者，毕竟不太多见。容闳在美国接受了自由教育，反观祖国，觉得“中国国民身受无限痛苦，无限压制”，其悲怜与拯救之心，油然而生。跨文化的生存体验又使他具有了反思中国文化庐山真面目的充分自觉和认识条件，促使他一定要归来以学报国。

容闳拒绝当教士这件事使我想起自己的一个经历：1990年澳洲访学结束之前，我也有机会得到全额奖学金攻读学位，但是需要改变专业去跟随导师研究中国的羊毛市场。顽固不化的我放弃了这次暂留澳洲的机会，只因为我对澳毛与中国毛的比较毫无兴趣，不愿为此放弃我的本专业，所以还是打道回国教我的文学课，甚至“自我放逐”到海南岛后还写了题为《市场是知识分子的救世主吗？》的激进文章，对铺天盖地而来裹挟知识分子“下海”的市场大潮表明我的拒绝。现在看来，我的选择主要出于个人的人文兴趣，与容闳的宏大救国抱负未可同日而语。正所谓“燕雀安知鸿鹄之志”。

作者与龙应台、龚鹏程访香柏山墓园

此类由天“降大任”的人物，除了自身的优异素质和品格外，一般没有例外地还要经历超乎常人的磨难，也就是孟子所谓“苦其心志，劳其筋骨，饿其体肤”，才能最后担负起他的大任。容闳显然不例外。我们看他的留学回忆：“余之入耶鲁大学……备形困难。盖一方面须筹划经费，一方面又须致力所业，以冀不落人后也。尚忆在第一年级时，读书恒至夜半，日间亦无余晷为游戏运动。坐是体魄日就羸弱，曾因精力不支，请假赴东温若休息一星期，乃能继续求学焉。”那时的美国小镇纽黑文，不会有中国餐馆，打工的机会与今不同。容闳在校期间，为同室的二三十人“司饮膳”，也就是半工半读地当厨师；还谋得兄弟会藏书楼的司书之职，一干就是两年（年薪为 30 美元）。他靠这些零散工作挣得生活补贴，使学业得以维持下来。

100 多年过去了，我们从如今在耶鲁大学学习的中国留学生的奋斗生涯中，似乎还可以依稀想见当年容闳半工半读的艰苦。

令我困惑的一个疑问是，这位为报效国家而在太平洋两岸奔波了一生的教育活动家和爱国者，为什么没有选择“狐死首丘”、“叶落归根”的最后归宿，而是默默无闻地葬在这异国他乡的墓园里?

同行的几位在晚秋的缤纷落英中捡来鲜艳的枫叶，环绕着容闳的墓碑编成一个彩环，略表我们对这位留学美国“第一人”的追慕之情。

东方羽人

能够插翅飞翔于高空，既是人类亘古以来的梦想，也是每个儿童的美妙希望。我小时候就曾坚信自己长大后一定会像鸟儿那样翱翔于蓝天。后来长大了，终于不得不默认自己不可能飞的现实。可是在读到《庄子·逍遥游》中说的“列子御风而行”时，又顿然唤起儿时的飞行幻想。再后来开始研究神话，知道羽人这样的神幻形象存在于许多民族的早期信念里。作为两足动物、陆地动物的人，超越了自身的生理限制而长出羽毛、插上翅膀，如飞禽一般升降于蓝天白云之间，羽人形象就这样体现着人类的超越意识，乃至成为神话中的半人半神的表象。20世纪80年代末期，我在写作《中国神话哲学》书稿时注意到，殷周时代的古人对鸟的崇拜极为鲜明，尤其是殷人，把拜日与崇鸟密切结合在一起。著名的玄鸟生商神话从华东平原到东北少数民族居住区，再到朝鲜半岛，都有相应的回响（如韩国的朱蒙神话），鸟生人的神话观念自然为“羽人”幻想提供了理论依据。在亚洲大陆东部的沿海地区，似乎曾经有一个分布广阔的鸟图腾文化带，从汉字“淮”、“岛”等的构形表象中皆有鸟这个事实，

纽约自然史博物馆

即可窥见其端绪。再从中原人称东部异族人为“夷”，而夷人又同“淮夷”、“鸟夷”混称等现象，皆可引发我们对于远古时代亚洲大陆东端的羽人文化带的推想。

看来，以能够飞升为特征的道教仙人理想源于东海沿岸一带，特别是蓬莱地区，这并非偶然。只是由于书缺有间，文献不足征，从推想到实证的过程较难展开。可是面对山东大汶口新石器遗址出土的鸟形图案，联想到精卫填海的悲壮神话，我的脑海里不禁浮现出这样一种假设：亚洲东端的羽人文化带居民，是否将跨越大海的幻想寄托在鸟类的飞行本领上？这次北美之旅，有几次在大洋彼岸与现实的“羽人”接近的经历，完全可以拓展关于羽人文化带的思考范围。一次是在 1999 年 12 月 9 日访康涅狄格州的印第安博物馆，另一次是在 2000 年 2 月夏威夷岛上观看毛利人的传统仪式表演。

博物馆是在原来的印第安人保留地原址上建起来的，房屋的样式和布局皆照原样，室内的器物都是实物，而非模拟仿造品。这种设计就像我们的西安半坡博物馆，能让当代的参观者直观地感受到原住民昔日的生活景况。作为来自太平洋彼岸的亚洲人，我最感兴趣的还是印第安物质文化与东亚文化的亲缘性与相似点。在印第安人的“大长屋”（long house）后室，我的眼睛突然一亮：房间里面的木墙壁上挂着印第安人用的羽冠！这是一顶用特别显眼的白色长羽毛精心制成的羽冠。要想把活人变成羽人，还有比这更简便的最佳道具吗？我从直觉上感到它与我国东北地区萨满教仪式活动的道具如出一辙。经过请求，我被允许戴着这顶羽冠拍照。

2000 年 1 月 28 日，我从纽约起飞，经洛杉矶抵达檀香山，次日在

作者访康州印第安博物馆，试戴羽冠

夏威夷的原住民表演

海滨的景点中观看了原住民富有地方特色的表演。毛利人的有简单故事情节的仪式性舞剧再度引起我的关注。我看到头戴鸟毛身插鸟翅的主人公登台，就仿佛进入了羽人的幻想世界。原来上古中国人想象的羽人世界是以真实的情景为原型的。在亚洲大陆东端、太平洋岛屿和美洲大陆，对羽人的信仰较普遍地存在，形成一个明显的环状文化带。对于中原人来说，该文化带显然属于东方，所以东方羽人国的幻觉就成了神话想象的定式，流传千载，乃至于积存在华夏子民的集体无意识之中，成为文学创造的一个灵感源。

补记：

2001 年 7 月 13 日，全体中国人难忘的大喜日子，我们从电视上观看在莫斯科举行的国际奥林匹克委员会投票选举 2008 年奥运会举办城市的大会实况。多伦多代表团的出场连出奇招，三位印第安鼓手组成的仪仗队，击鼓奏乐，穿行于会议大厅中；而陈述报告的领讲人，也是一位身披羽衣、头戴羽冠的印第安首领。那羽冠之巨大华美，比我在印第安博物馆戴过的那顶要威武好多呢！

加拿大人为什么要出此奇招？有媒体说多伦多奥申委的主席在非洲访问时不慎口出狂言，说了有辱黑人的话，虽然屡屡道歉，恐怕还是要失去非洲籍委员的选票。所以，这次的报告团干脆让美洲最早的原住民打头阵，希望能改变公众心目中白人歧视少数族裔的印象。

昔日被西方白人视为古怪和异端的土著装饰，如今成了他们装点多元文化主义门面的招牌，标榜兼容并包的新时代伦理价值的道具。在这种重要而微妙的变化中，不是可以感觉到时代变迁的快节奏与大幅度吗？

羽人啊羽人，谁曾想到，你在古老的神话思维时代是人类梦幻中的理想形象，在当今的地球村和宇航时代，却成为保留文化地方性和多元性的一种舞台符号？

去密歇根讲庄子

1999 年秋，我到美国后大约一个多月，有一天接到密歇根大学林顺夫教授打来的长途电话，说他得知我在耶鲁，希望我能去他任教的学校讲学。我和林教授没见过面，彼此通过文章有所了解。我知道他是唐宋诗词方面的专家，对《庄子》一书的各种英文译本做过细致的对比研究。他说对拙著《庄子的文化解析》很感兴趣，不妨就来讲一讲庄子。我斗胆答应下来。

几天后，密歇根大学中国研究中心的现任副主任、艺术史专家 MartyPowers 教授又发来电子邮件相邀请："我们每年邀请杰出学者参与我们密歇根大学中国学会的系列研讨会。一般由主讲人提供一个讲座题目和内容简介。这篇稿子通常先于研讨会几周的时间寄来我们中心，然后打印分发给大家，以便熟悉主讲人的最新思想。研讨会上你可以讲 20 至 30 分钟，主要是对全部内容的总结、提示和说明。接下来是大家的提问和讨论。在我印象中，这些研讨会卓有成效，也很受欢迎。会后，我们一起吃晚饭时还可以继续聊。我们负担您的旅费、食宿费和若干酬

在密歇根大学留念

金。如你所知，本校有深厚的研究传统，在人口学、宗教学、佛教研究、性别研究和人类学方面有相当的优势。如果您同意来访，那对中国研究方面的学生来说是一件幸事。具体旅程与住宿事宜，我嘱秘书为您安排。”

10月25日，林教授再次来电话，询问我的讲课内容。晚上，我又收到他的电子邮件。他很客气地先对我同意来访表示感谢，期盼着下个月在安娜堡（Ann Arbor）见面。他接着提出一个建议，希望我在讲座时能够先用5至10分钟简单介绍一下自己近年来所从事的“文化阐释”工作，解说它的方法特点，然后再进入对《庄子》文本的分析，使之成为“文化阐释”的具体实例。我对此欣然接受，并且表示了我的谢意。看来林教授为了使我的讲座能够成功举办，所花费的心血丝毫不亚于我，他连怎样的表达方式更能取得好的接受效果都替我考虑到了。我的感激之情不禁油然而生。

4天后，密歇根大学中国研究中心的秘书恩娜·施洛芙女士发来电子邮件，告诉我可以通过他们的代理旅游公司订票，这样公司就可以直接向他们收费。她还告诉我她已经给该公司发了传真，嘱咐我随时可以订票，公司的名称是博斯马旅游公司，免费电话是1-800-3255307。施洛芙女士在邮件最后写道：“我将为你预定11月20日至22日的旅馆房间。如果你想少逗留的话，请告诉我，以便取消你不住的那一晚的订房。还请告诉我你需要可吸烟的还是不吸烟的房间，单人的还是双人的。”如此细致的安排，使我只需拨个电话，就解决了所有的行程之忧。

11月4日，博斯马旅游公司发来电子邮件，将我的网上订票日程展示出来，请求确认——

去程：11月20日11时55分，美航（US AIRWAYS）801K航班，从

哈特福德飞往匹兹堡。下午2时转乘美航1734K航班飞往底特律。

返程：11月23日10时27分，美航1291M航班，飞费城。下午1时35分转乘美航1934M航班飞哈特福德，到达时间是下午2时38分。

我当即回复确认了这个行程计划，心里踏实了。通过电脑，足不出户就解决了此次旅行的往返机票，这辈子还是头一次。这使我想起年初从北京回家过春节的麻烦：提前一周就到处托人买回西安的火车票，结果直到大年三十才勉强挤上西去的列车。大家同处在一个星球上，出门之难易却有如此大的差别。如果老庄生逢今日美国的便利之交通，恐怕也会打破"民至老死不相往来"的规训吧。

我于11月20日到达底特律机场，林教授和她太太驱车来接我。虽是初次见面，我们一路上谈古论今，好似久别重逢的老友。美国中北部大湖边的景致与东部新英格兰地区截然不同。一小时后我们来到学校所在的安娜堡市，到订好的校内旅馆住下，是那种带有早餐的单人间，环境幽雅，室内摆放着一些精装书籍，其中有1994年英文版的《梦的解析》、《狄更斯生平图册》、厚达1000多页的《勃朗特姐妹传》、《李维斯全集》、《勃朗宁诗歌集》、W.Homer的画集，等等，让读书人有宾至如归之感。

安娜堡小城给我的印象极佳。虽然和纽黑文一样是大学城，但这里似乎更显得热情和热闹一些。这也许和密歇根大学有4万多学生的旺盛人气有关。晚间灯火通明的街上，文化书卷气依然如故。书店里有奔放的乐队在演奏，街边书市总能吸引行人驻足观看。这就使师生们晚间有了徜徉留恋的好去处。我在那里用2美元一本的价格买到奥维德的《变形记》和Karl Mannheim的大著*Ideology and Utopia*，如获至宝。

作者与林顺夫教授合影于密歇根大学

讲课那天，我做了充分的准备，但看到有工作人员来摄像，还是有点紧张，不过讲开以后很快就好了。我提纲上列了3个要点：一是跨文化阐释的原则和方法，二是庄子文本的特殊象征结构，三是《养生主》篇的解读案例。会场气氛热烈，提问也很踊跃。连心达教授甚至专程从俄亥俄州的丁尼孙大学驱车6小时赶来听课，我获悉后自有说不尽的受宠若惊之感。

庄子作为文学家和哲学家的重要地位已获得举世公认，我想探讨的是：作为符号学家的庄子如何以神话思维的象征编码技术来构建其文本，树起百代之典范？以符号学视角重审庄周其人其书，会有新的解码发现：庄周与道家思想同远古的史前宗教及神话思维有着直接的渊源传承关系。其中一个世界性原型乃是艾利亚德所命名的“永恒回归”，其在《周易》和《老子》等文化原典中得到理论概括，表现为“道”的周而复始运行规则。庄子则以能指还原的象征编码方式，将永恒回归之道体现在《庄子》一书的总体结构及“正言若反”的修辞设置中。我讲到庄周之名亦可做符号学解读：庄者道也（今语仍有“康庄大道”之说），周者回旋往复之运动也，其人、其书和其思想正是通过神话符号学的建构而达致三位一体的有机统合。这时场内有人发出感叹之声。

我在国内讲课一般都是2小时左右，还有3小时甚至更长的，20至30分钟的从来没有做过。这种差异说明什么？也许后者更能够激发独立思考的风气。饭桌上的讨论，其热烈程度不亚于课堂，当然气氛要轻松多了。大家对庄子这位上古天才佩服有加，甚至奇怪为什么那么早就有这样渊博和聪明的智者。

Powers教授问说《庄子》如此巧妙构思的文本，后代模仿者肯定难以望其项背。我说千古最得庄子文心的一人是曹雪芹，他不仅用了宝玉红尘历劫19年来呼应《庄子》的神秘循环数19年，用“满纸荒唐言”的自白呼应庄子的“荒唐之言”，而且以大荒山青埂峰的顽石作为首尾呼应的圆环结构，成功效法了庄子的回旋式叙述，不读懂庄子就很难读懂《红楼梦》。林教授回应说：“我的老师高友工当年叫我们读弗莱以便领会‘所有的故事是一个故事’的道理。看来庄子早已熟知此道了。”大家又是一阵感叹。

3天的密歇根之旅很快结束了，我带着感激和留恋之情与送行的林教授话别。飞机离开底特律机场盘旋而上，万里晴空的下方渐渐呈现出大湖的轮廓，我不禁想起《庄子·逍遥游》中所说的：“天之苍苍，其正色邪？其远而无所至极邪？其视下也，亦若是则已矣……”

西点军校

没有到过西点的人，大都先听说过它的盛名：美国人家喻户晓的历史名将，如艾森豪威尔、麦克阿瑟、布拉德雷、阿诺德、克拉克、巴顿等，竟然全都是这所军校的毕业生。仅是这些威名远扬的校友，就足以使西点在世界军校之林中称雄了。

在西点军校里，名将们的塑像比比皆是，但更令人惊奇不已的则是这所著名学校所处的特殊地势。《孙子兵法》中有《地形篇》，其中说到“隘形者”的特点是“我先居之必盈之以待敌”。站在西点校园的前端，面对着弯曲而来的哈德逊河水和两岸的峡谷，我们马上会想起孙子的“隘形”说，以及国人常说的“风水宝地”。类似的风水宝地我在北美还见过一处，那是加拿大蒙特利尔市的圣劳伦斯河谷。看来，大凡这类依山傍水的险要地带，都是古代兵家必争之地。当年最初踏上美洲大陆的英国人和法国人就是在溯河而上的圣劳伦斯河谷展开激战的。至今我们还能看到两军对阵的炮台和哨所。这次到西点军校，我再度领略了有“美洲的直布罗陀”之称的古代军事要地的地理形势，更对成语“审时度势”

访西点军校，与哥大刘乐宁等合影

的含义有了切身体会。

美国东部的新英格兰地区是早期殖民者聚集和先开发的地区，它集中了这个新兴国家政治、经济、教育和文化等方面的诸多优势，也自然是军事上的要地。纽约州位于新英格兰地区以南，是联结新英格兰六州与南方各州的必经之地。而贯穿纽约州东南部的哈德逊河，则成为贸易和交通的天然的水上大通道。谁有能力先控制这条通道，谁就在地利上占得先机，可以据此而把握整个美国东部地区的战略命脉。美国独立战争期间，西点的地理重要性就凸显出来。1775 年，乔治·华盛顿领导的调查委员会提出的一个报告认为，只要美方军队占领西点与河对岸的马特拉尔岩，就可以以一夫当关的态势把守哈德逊河的这一重要弯道，将英军的舰队拒之门外。随后不久，独立军在西点台地建成两个堡垒防御体系，河道上还设计安装了重达 150 吨的大铁链，分别固定在河两岸的巨石上。借用毛泽东诗歌的名句，可谓“龟蛇锁大江”。这个精心设计的防御体系号称固若金汤，可以类比地中海和大西洋之间的狭窄通道——直布罗陀海峡，因而获得了“美国的直布罗陀”之美誉。

独立战争后，美国陆军买下西点要塞作为永久性军事基地。1802 年的美国独立日时在西点建立的美国陆军军官学校，至今已有近 200 年的历史，总共为这个国家培养了近 4000 名将军，以及众多的政治家、教育家和社会活动家。近乎残酷的新生淘汰制度，令人铭心刻骨的体能训练和军事操练，各种各样名目繁多的规章纪律和惩罚方式，都使她的学员以高素质和坚忍不拔的精神而著称，形成良好的校风。前一时期我还从媒体上得知，西点军校曾经把中国人民解放军的表率人物雷锋作为学习和效仿的榜样，可见其办学特色上的不拘一格和择善而从。如果摆脱

作者在哈德逊河谷前

意识形态上和文化背景上的差异，不难看出在雷锋精神和西点精神之间，确实有着某些相近和相通的要素，如军人的使命感和奉献精神。

早在 19 世纪中叶，西点人就自豪地声称：假如希腊人不忘马拉松，犹太人向往耶路撒冷，那么美国人应把西点军校铭刻在心。我想有朝一日世界果真大同了，永久和平的亘古之梦实现了，那么这些专门培养战争人才的教育机构也就完成了其历史使命。但愿人们因不再需要军校而淡忘西点的那一天，会早日到来。

珍珠港遐思

在新千年的第一个秋天震惊全球的“9·11”恐怖袭击事件发生之前，美国人对世界级战争的残酷性与灾难性的历史记忆里，1941年12月7日的珍珠港永远是挥之不去的最惨痛的一幕。两次世界大战以来，欧洲和亚洲的许多国家遭受重创，人民流离失所，生灵涂炭。而硝烟弥漫、血肉横飞的场景在美国的国土上只发生过这一次。因此，外界观光者眼中美丽的夏威夷群岛，对于经历过那场噩梦的美国人来说，却总是散发着一股挑战性的火药味。

我们这一代中国人大都是从作为“内参影片”的《山本五十六》中得到“珍珠港事件”的直观印象的。日本人视角中的太平洋战争总不免要突出其日本帝国的武士道精神。日军战斗机俯冲撞击美军舰艇的那种自杀性的攻击方式，给我留下很深的印象。真没想到，半世纪后的恐怖主义分子采用了非常相似的方式攻击美国大都市的非军事建筑目标纽约世贸大厦。从出其不意这一点看，日军的将士和恐怖分子都将其发挥到了极致。而从劫持民航客机作为攻击武器这一点上看，恐怖分子又比日

檀香山远眺

本军人更显得老谋深算一些。人性中的残忍与狠毒的暴露程度，也可以说是空前的。

由于影片《山本五十六》的缘故，夏威夷在我心目中是一个火红色的惨烈的地方。这次来檀香山才感觉到这里完全是绿色的岛屿，其生态之美几乎可以夺全球之冠。在去珍珠港参观前我到游客中心的剧院看了美国人拍的纪录片，发现对同一事件完全可以有不同的表现。让珍珠港空袭灾难中幸存下来的老兵充当讲解员，似乎更能突出当事人讲述当时事件的客观性。然而，正如英国人笔下的库克船长是夏威夷探险的英雄，而夏威夷土著传说中的英国库克船长则是降临海岛的神灵，讲述者的身份才是决定讲述内容与倾向的关键。

新历史主义批评的代表人物海登·怀特说历史叙述和文学叙述同样依赖虚构和想象，这对我们传统的文史区分的观念（文学是虚构，历史是纪实）是一大挑战。在历史法庭上作为呈堂证供的言辞，究竟有多少真实性，抑或全都是程度不同的伪证？我自己曾到海南琼海的红色娘子军故乡做历史调查，知道由正面的传媒制造出来的红色娘子军形象与现实差别极大。借用司汤达《红与黑》的色彩符号学模式，这里的“娘子”原来是摇摆于“红色”与“黑色”之间的。现在，面对飘扬着星条旗的珍珠港纪念馆，我们到底应该相信美国品牌的珍珠港事件呢，还是日本品牌的珍珠港事件？我们曾和日本人打了8年仗，又在朝鲜战场和美国人交过手。面对这些昔日的敌手讲述给我们的历史，能信吗？如果按照孟子说的“尽信书，则不如无书”的道理，符号生产必然有生产虚假的一面，我们又靠什么去体认真实的历史呢？

一边是歌舞升平的旅游胜地，一边是惨烈历史灾难的纪念地，这两

作者参观珍珠港亚利桑那纪念堂

珍珠港亚利桑那纪念堂鸟瞰

个色调截然相反的景致，竟然在这座太平洋岛屿上如此协调地统一起来，取得了相反相成的互衬效果。珍珠港事件使夏威夷和瓦胡岛的名声成倍地增长，而夏威夷的旅游开发又使全世界数以万计的游客熟悉了这里的美国海军军港。据导游介绍，来这里的观光客以日本人为最多。我无法想象作为战败国的日本，其后代会以怎样的心情来观看这里的一切？面对美国总统艾森豪威尔亲自批准建设的“亚利桑那”纪念堂，他们的第一反应和随后的思绪又会怎样呢？

这个外观设计别出心裁的水上建筑，落成于 1962 年。从岸边看去，就像一个白色的玉枕，静静地漂浮在蓝色的海面上。主工程师、美国人奥费德·培斯的解释是：“纪念堂的结构呈两端挺拔、中间低凹的形状，象征初遭惨败、终获大胜的太平洋战争的发展过程。就整体而言，呈现出一片祥和而不显悲伤的气氛，让每个人能够深思并探究内心的感受。”从实际效果看，可以说他的设计初衷完全达到了。

纪念堂横跨在葬身海底的“亚利桑那”号战列舰舰体之上。每个旅游者在观赏了 20 分钟的历史镜头之后，在国家公园管理员的指挥下搭上渡船，前往观看海中的“亚利桑那”号残骸。当你从渡船登上纪念堂，可以看到涌动的海水下面“亚利桑那”战舰那完整的船体，而它的烟囱露出水面至少有一米高。那一天，美国海军有 1177 位将士长眠在这艘军舰上，他们的名字被一一携刻在纪念堂里专设的大理石祠堂的墙体上。这个数字几乎占了当天珍珠港灾难中全部遇难人员 2388 人的半数。人们甚至没有去打捞遇难者的尸体，怕惊醒已经安息的灵魂。由于这次集中伤亡的惨重教训，美国国防部做出规定：凡有亲人参军的都不能在同一个军队里服役。战争发生的那一天，被定为美国的“国殇日”。流逝的半个多世纪的岁月，似乎丝毫没有冲淡战争灾难的痕迹。面对好像刚刚下沉的“亚利桑那”号，人们仿佛还能听见殉难者的临终呻吟，仿佛还能看到燃烧的战舰冲天的火光。

珍珠港的确是美国最年轻的一个州的标志性景点，也是世界旅游史上最富特色的观光景点之一。整个参观过程被设计为亲临现场式的历史灾难的切身体验。它不仅让每一个美国人不忘国耻，牢记血的教训，也让来自五大洲的游客感到新奇和震撼，足以启发无尽的想象和深思，给人留下毕生难忘的回味和追忆。

我参观时所想到的是，珍珠港事件终于引发美国人更加残酷的报复，世界上第一颗在人群中炸响的原子弹加速了日本军国崩溃的进程。核武器空前巨大的摧毁性力量虽给日本作家大江健三郎的小说创作提供了历久弥新的创伤记忆，但是它更大范围的负面效应是：从根基上打破了人类理性永远进步的神话。

无独有偶，参观珍珠港一年后，恰逢 2001 年的影坛盛事——好莱坞大片《珍珠港》在全球公映。该片 7 月份在日本上映前，导演麦克贝和男主角班艾佛列特抢先在东京举行了名为“爱在东京”的电影招待会，让数万名日本影迷先睹为快。日本人对珍珠港的了解来自他们的历史教科书，其中关于太平洋战争的记述，有“珍珠湾攻击”这个名目。影界的传媒为《珍珠港》在日本做宣传时，只用英文片名“Pearl Harbor”以及片假名，这种障眼法的效果是让年轻一代不会联想到《珍珠港》说的就是日军突袭珍珠湾的历史。在影片的宣传海报中，男女主角的造型，却移花接木地借用了《魂断蓝桥》和《乱世佳人》的格调，这就把上一代日本人铭心刻骨的历史记忆改换成这一代日本人喜闻乐见的言情传奇

作者在檀香山市中心

遭日军袭击后的美国战舰“宾夕法尼亚”号起火

了。历史就是这样一位可以任人打扮的新娘子。

但是，21世纪的影片《珍珠港》到底不是20世纪的经典片《魂断蓝桥》。《珍珠港》中男女主人公的悲欢离合命运，是在日军发动战争的背景下造成的，因此日本人对美军的感情一定较为复杂，其中既有攻击与宣泄，也有遭报复的痛楚。日本战后的一代所接受的历史教育中，闭口不讲日本军国主义作为侵略者的真相，却对广岛、长崎遭受的原子弹后遗症念念不忘。文学家、艺术家也不断地追述或再造这个题材，这样就必然助长了日本人作为战争受害者的历史印象，况且日本是全世界唯一遭受原子弹袭击的国度。日本观众看影片《珍珠港》的反应可谓五味俱全。一名年轻女子说："我不觉得日军可恶，因为我是日本人。"一位旅居日本的中国观众看到一名中国妈妈和她的日本丈夫带着他们的女儿来看影片，小妹妹说："日本军真够聪明，趁美国人不留意，来一个大突袭。"站在旁边的妈妈赶紧敲了一下她的小脑袋，不好意思地说："还以为带她来看，可以让她看出日本侵略军的可恶，没想到她却……"这位旁观者感叹道："要让日本人从历史中学习和平是那么困难的事。要教育日本人，只有像美国那样把它摧毁一次！除此之外，还有更好的办法吗？"

我想多数人也许无法苟同这位同胞的激奋之语。以暴制暴从来就不是什么好的教育方式。相反，它只能证明教育的失败，否则任何恐怖主义都会找到堂而皇之的行动理由了。

我不知道来珍珠港实地参观的众多日本游客是否会从中得到和平的教育。但愿这些足以勾起战争回忆的遗址和遗物，不会再度燃起人们敌对和仇恨的火焰。

好莱坞寻梦

在美国文化的全球化普及过程中，人们最为津津乐道的无非是至今打遍天下无敌手的三大特产：麦当劳、可口可乐和好莱坞大片。前两者专为满足人的口腹之欲，后者则为满足人的视听感觉和幻想的需求。

世人把好莱坞戏称为“梦幻工厂”。这个比喻之所以能够不胫而走、脍炙人口，因为它非常精当地道出了影视传媒与现实生活的对立与对应的依存关系。世上不知有多少影迷因为陶醉于好莱坞制造的梦幻而如醉如痴，就好像吸食某种麻醉品而上了瘾一般。这种情形在青少年中尤为常见。在某种意义上，我们可以把电影这门历史不长的商业性多媒体艺术视为一种“影像鸦片”。年轻时读老子的“五色令人目盲”的警告，总是觉得有点危言耸听。现在回过来想，老思想家毕竟是过来人的智慧代表，他丰富的处世经验使他对任何足以让人沉迷和令人上瘾的诱惑都抱有高度的警觉。在其他的传统艺术门类受到冲击而面临生存困境或危机之际，电影由于其面向市场的商业运作方式、集声光电于一体的视听技术与传统表演艺术的最佳组合，而得以独超众类、独领风骚。

作者与“好莱坞英雄”合影

模拟地震灾难情景的过山车

环球影城的仿真鲨鱼

这次有机会停留洛杉矶，便特意到好莱坞环球影城参观这座世界上最大的生产梦幻的场所，于是对其制幻技术的底蕴有了新的切身体验。一进大门，就有以银幕形象为模本的活生生的“英雄”、“美人”与你合影，随后又有逼真的太空船与宇航人模型在等待着你，让人油然产生置身于另一世界的错觉。顺着充满各种道具和装饰的游览路径走去，你会渐渐地忘记自己所由来的现实世界，尽管有目不暇接之感，却依然会抖擞精神，睁大好奇的眼睛，徜徉在色彩缤纷的奇异境界中而流连忘返。

影城中最能令人兴奋的是几个逼真的模拟情景：乘坐高速木筏穿梭于侏罗纪的原始丛林之间，忽上忽下的水道让你心口一阵阵揪紧，水花在你身旁飞溅，突然在一个洞穴的出口处与张开血盆大口的恐龙相遇；让你坐车体验 8.3 级大地震那山摇地陷的感觉，经历你一生中从未有过的震撼；让你面对有史以来最可怕的电影怪兽，30 英尺高的大金刚，竟然伸出魔掌劈脸向你打来，耳畔炸响震天的咆哮怒吼声。当然，患有心脏病、高血压的人最好不要冒险参加这些极限体验。

从熙熙攘攘的影城走出来时，不知不觉已到了夕阳西下的时候。惊魂未定的人们回味着这一天的冒险生活，难以平息的兴奋使疲劳的感觉被忽略乃至忘却。

古有天方夜谭，今有好莱坞，人类的幻想制造技术虽然在与时俱进，但是向往虚幻的本能冲动却是亘古不变的。唯其如此，作为具有虚构能力的符号动物的人，才给文学和艺术的存在提供了最坚实的理由。

饮食人类学的魅力

马文·哈里斯是中国读者已经熟悉的当代著名的人类学家，他的《文化唯物主义》、《文化的起源》等著作早在20世纪80年代就有了中译本。他的著述风格十分鲜明，观点独到，视野开阔，高深而又平易，雄辩而又翔实，给我留下了很深的印象。

1999年8月，我到耶鲁后读到的第一本引人入胜的学术书，就是马文·哈里斯的这本《好吃：食物与文化之谜》。我当时一下子就被作者的思路吸引住了。我未曾料到这位以理论建构为特长的学者也会专门尝试饮食人类学的个案研究，而且涉猎到人类学以外的广阔知识领域。我们中国人自古以来最爱说的一句话就是“民以食为天”。但是人们吃什么，不吃什么，为什么吃又为什么不吃，这些看起来非常平常的问题，却很少有人去做深入的探讨。“口味无争辩”，好像这里面并没有多少道理可讲。然而，正是在这些有关吃的不起眼的问题中，原来也蕴涵着异常深奥的文化之谜。

马文·哈里斯从肉食主义与素食主义的争执入手，以人类社会中由

纽黑文：我的窗外

吃所引发的种种奇特现象和习俗作为解析的对象，把读者带入饮食人类学的知识视野中，告诉我们吃的文化差异和民族个性，在特定社会中应该吃什么、怎样吃，如何看待各个文化特有的饮食禁忌，如犹太教和伊斯兰教的不吃猪肉，印度教的不吃牛肉，美国人的不吃山羊肉、马肉和狗肉，以及个别文化的饮食癖好，如有的社会喜欢吃蛆虫和蚱蜢，法国人和比利时人喜欢吃马肉，大约有 42 个社会喜欢吃老鼠肉，而新几内亚的弗瑞人要吃死去亲人的尸体，等等；这些饮食习俗的背后有多少遗传学的因素，多少消化生理学的因素，多少营养学的因素，又有多少文化学的因素，这些因素又是如何相互作用的；甚至为什么在 20 世纪会出现拒绝食用肥肉的反传统风潮，为什么 20 世纪七八十年代以来会形成自北美波及全球的食用深海鱼油的风气，以及最近愈演愈烈的追求野味而排斥人工饲养动物肉的风习，诸如此类大家都感兴趣的问题，在该书中均可以找到学理上的答案。

饮食人类学对人的归类概括很简单：“人是一种杂食动物”，这也是马文·哈里斯这部书中反复强调的一个基点。人兼具了草食动物的广泛适应性和韧性以及肉食动物的凶狠与强大。这里面蕴涵着许多人之所以为人的道理。也许有人会争辩说，猪和蟑螂也是杂食动物，它们和人的差别几乎不亚于草食动物与肉食动物的差别。也有人会质疑说，作为杂食动物的人能够像肉食动物那样吃其他动物的肉，却不能像牛羊一样吃草。看了这本书，你就会了解到，人不能像牛羊一样以草为食，是因为人的胃无法消化过多的纤维；人和猪、蟑螂不同，他的杂食范围要宽广得多，特别是他的觅食与猎食手段（能够上天、入地、下海）和食物生产手段，都是世间独一无二的。不了解人类在吃喝方面的先天生理基础和后天习得技能，就无法全面理解人的特性与文化进化的奥秘。

按照启蒙主义哲学的观点，人是唯一的理性动物，人类的思想和行为是以理性为指导的；理性原则应当是人类社会至高无上的原则；在理性之光的照耀下，没有不可理解的问题。

然而，理性已经告诉人们，肉食是重要的营养来源，可为什么各个社会中仍充斥着这样那样的肉食禁条呢？

其实，与其笼统地把人看成理性动物，不如说人是一种独特的观念动物，人能够在某种思想观念的支配之下做出惊世的举动，有些甚至让绝大多数人感到无法理解。这些能够支配人——宇宙间具有最高智慧的生物——的行为的观念，究竟是如何产生的？又是如何通过文化传承而世代相袭的？为什么它们可以让个人和整个社会做出非理性的行为呢？文化人类学家在解答上述问题方面做出了许多努力，解答的核心便是文化的作用机制。马文·哈里斯在这方面有超越文化决定论的更为周全的看法。例如，用启蒙主义的理性观点来看，犹太教《旧约》借上帝之口规定不可吃猪肉，这完全是非理性的。现代医学在1859年发现了旋毛虫病与烹煮不够的猪肉之间的临床关联，神学家们利用这一发现为《旧约》的食物禁忌辩护，认为宗教禁忌有科学的基础，因而是理性的，好像上帝是为了保护人类的健康才不让人们吃猪肉。马文·哈里斯把这个争议的难题还原到犹太教及其猪肉禁忌所产生的自然环境，论证了中东地区的气候和生态不适合家猪饲养而有利于反刍动物（牛、羊）的饲养，古代以色列人迫于成本与收益比的生存压力和人口增长的压力，不得不放弃他们原有的养猪生产。从这个角度来判断，上帝的禁规既不是非理性的，也不是出于医学科学的理性考虑，而是无形中代表着出于自然选择需要的一种更高的生态理性。同样道理，印度人把牛奉为母神，禁止杀牛和吃牛肉，绝不是他们的肠胃不能消化牛肉。就连佛教“不杀生”的教义，也是以人口激增与环境资源枯竭的矛盾为发生背景的。

据我的理解，马文·哈里斯的研究思路代表着文化人类学发展的一种前沿方向，即从自然科学与人文社会科学的结合部上去探索，动用各种可能的学科资源去求解人与文化之谜的新途径。《好吃：食物与文化之谜》正是这种探索方法的极好例证。书中引证的生理学、病理学、精神医学、药学、营养学、农学、畜牧学、生物化学、分子生物学、遗传学等诸多前沿领域的文献和新成果，并不亚于人类学和考古学。从理论上讲，自然科学与社会科学的沟通与结合是人人都会认可的好想法，但是具体到实际研究中，这种结合究竟如何实现，怎样具体操作，却是让多数研究者感到为难和困惑的。我们在马文·哈里斯这里可以得到非常有益的启迪。在他的视野中，文化的和社会的问题从来不是孤立的，总是同更加广阔的经济、生态、地理和人种、人口等大背景联系在一起的。这样，他尝试解答“文化之谜”即文化疑难问题的方法，必然兼顾到文化的、社会的方面和生物的、生态的方面，给人提出较为深层的、意想不到的答案。

比如，对于西方人喝牛奶与东方人不大喝牛奶的现象，人们通常只是从生活方式和文化习俗的角度加以解释，但是却无法理解为什么会产生这样的习俗。马文·哈里斯认为，文化习俗并不是饮食偏好与禁忌的万能答案，真正的答案要到生态史与文化史的结合处去寻找。现代医学生理学表明，一个人是否适宜食用奶和奶制品，是有其生理条件的，那就是看他体内的“乳糖酶”是否充足。缺乏乳糖酶会导致不能消化奶中所含的乳糖，所以只有乳糖酶充足的人才喜爱喝牛奶，吃奶油、黄油和其他奶类食物。那么，东西方饮食风格的一个基本差别，是否就可以从这个生物生理的原因上得到说明呢？问题绝不会如此简单。马文·哈里斯在该书第7章《嗜乳者与厌乳者》中对这个文化之谜进行了引人入胜的层层发掘，发现乳糖酶充足与否并不是单纯的生物遗传现象，而是有生态地理和历史文化原因的。世界上的“嗜奶者”民族主要生活在欧亚大陆的北部，美洲、澳洲和非洲的原住民基本上都没有奶食传统。进一步分析又可以看出，欧亚大陆最北部的人口最喜好奶食，南部的人口不好奶食，而中间地带的人口介于二者之间，是相对少量的奶食者。人类从奶食中获取的最重要营养物质是钙，北欧人最需要大量的钙以弥补太阳光照的不足，防止软骨病的产生，奶食给了他们高大的身材、浅肤色与金发色，但是浅肤色容易患皮肤癌；南方的热带人有充足的日照，可以不用奶食而通过植物食物获取所需的钙，他们拥有深肤色和深发色。欧洲石器时代的人类祖先们面临患软骨病的危险，自然选择和文化选择的双重作用使他们选择了扩大食奶量的生存策略。经过数千年的传承，阿尔卑斯山以北的欧洲人便成为世界上仅有的乳糖酶充足的基因的传播带。这是文化因素反作用于生物遗传因素的有趣特例。通过这样的全景分析，不光是东方人与西方人的食俗差别，就连北欧人与南欧人在体格和外貌上的差异，都可以通过奶食这个文化之谜的解答而得到某种理解的线索。

诚然，人类学知识与其他学科知识的大跨度重新整合也会冒一定的学术风险，尤其是在涉及较多的自己不熟悉的领域时。可以想见，马文·哈里斯的一些大胆假设难免会招致来自各个领域的学者的批评。不过，他还是一如既往地用论辩的方式为自己的跨学科探索开路。在1999年出

《好吃：食物与文化之谜》中译本封面

版的《后现代时代的文化理论》一书中，我们看到他用微观进化的观点来诠释苏联解体的原因，用智商（IQ）理论来探讨种族主义和政治学问题，其争议性更是显而易见的。

马文·哈里斯的著作不仅常常有让人吃惊的“大胆假设”的一面，也不乏“小心求证”的一面。比如《好吃：食物与文化之谜》一书第10章对吃人问题的讨论，就是具体问题具体求证的范例。“同类相食”的现象在生物界时有发生，在人类中是否也是如此呢？自从有人类学这门学科以来，关于吃人习俗的争论就没有停息过。一位叫阿伦斯的人类学家在20世纪70年代出版过一部书《人吃人的神话》，他综合分析了古往今来有关食人的各种资料，认为那都是虚构的叙述，并不存在现实的人吃人行为。马文·哈里斯提出，应当首先明确，作为人类学问题的吃人现象指的是“在其他食物并不缺乏的情况下社会所认可的食用人肉的现象”，而不应包括在紧急情况下发生的人吃人行为。随后，他又进一步区分了获得人肉的两种不同方式：用暴力去捕捉、杀害被吃者与和平地获得被吃者的尸身。前者被称为战争性的食人，后者被称为仪式性的食人。按照这样的分类原则重新审视有关吃人的种种记载和报告，本来难以说清的问题就理出了头绪。经过马文·哈里斯的详细论证，我们可以不再怀疑人类社会中发生的“同类相食”现象的真实性，而且还能够理解为什么在某种情况下会出现某一类型的吃人行为。

补记：

鉴于上述特点，我早就想把马文·哈里斯这部书译为中文，好让更多的人——我们这个饮食文化博大精深的国度的读者分享马文·哈里斯精彩的研究成果。在耶鲁期间，我已经陆续翻译了《嗜乳者与厌乳者》、《肉食渴望》两章，回国后刊发在《新东方》和《民俗研究》杂志上。《民俗研究》的主编叶涛先生和山东画报出版社的刘瑞琳女士对此选题表示出极大的兴趣，并立即设法购得本书的中文版权。我从美国归来后所做的第一件事就是完成此书的翻译，实现与国人分享的夙愿。

就我个人来说，由于年龄的增长和经历的丰富，也由于近年来涉猎道家思想，已经渐渐转向生态主义的立场，对于以发展生产和强化技术为轴心的人类“进步”幻想产生了怀疑，至少不像青年时代那么坚信和乐观了。1998年，我在访问泰国时购得佛教学者佩尤托的《佛教经济学》一书，并于1999年初摘译介绍给国内的读者；2000年4月，我应邀出席韩国道教大会，并且宣读了题为《道家思想与后现代精神》的论文[1]，主张节制物欲，限制发展，不必盲目追随西方现代化的消费主义和物质主义狂潮。而在饮食方面，我也由于人到中年渐露发福之征兆，担忧传媒上渲染的高胆固醇、高血脂、动脉硬化等，所以有意地回避大鱼大肉，较多地以素食为乐，而且还言传身教，鼓励我的同事和学生们也加入到崇尚素食的阵营中来。可是现在，就在千禧之年的前夜，读了《好吃：食物与文化之谜》，才知道吃肉并不是那么可怕的事。再读一读年轻一代的美国人类学家斯坦福的《狩猎之猿：肉食与人类行为起源》，我就更加认识到，肉食不仅是人类作为一种杂食动物的重要营养来源，甚至是人之所以在进化中最终超越一切动物，培育出独一无

[1] 见《跨文化对话》第5期，上海文化出版社2000年版。

二的大脑的重要前提。有了对吃肉问题的这种进化论的宏观理解，面对牛排、鸡翅、猪蹄等肉类食物时，我的胃口就比以前好多了，甚至有些当仁不让的义务感。可以说，我暂时陷入了“佛教经济学”与“肉食渴望”自相矛盾的困境中。

人这种观念动物在多大的程度上受观念的支配，通过我受马文·哈里斯和斯坦福这两本书的启示而重新激发起“肉食渴望”的事例，是不是可以略见一斑呢？

食色之间

“食色，性也。”儒家亚圣孟子所引述的古代学者告子的这句话，在中国思想传统中几乎尽人皆知。人们在强调食欲和性欲的自然性与合理性时，总是要抬出这块古人留下的大字招牌，说明生存离不开食、繁衍离不开性的铁道理。

然而，食与色之间又是什么关系呢？仅仅是平行并列的关系，还是有其内在的关联性？

从《旧约·创世纪》的禁果神话中不难体会到，由食欲引发的偷吃禁果实际上导致了性欲的自觉。亚当、夏娃用树叶遮蔽下体的举动正是在“吃”的行为之后发生的，这就暗示了食色之间确有微妙的关联。宗教禁欲主义的教义一般都同时针对食欲和性欲二者，禁果神话实已将由人的本能引发的罪过上升为最具根本性的“原罪”。若不是后来基督教信仰的耶稣降临人世，赎清原罪的希望实在是微乎其微。

上帝对人之原罪的惩罚方式表现出明确的性别差异：让亚当及其后人永远辛苦劳作，让夏娃及其后继者永受生育之苦。《创世纪》神话讲

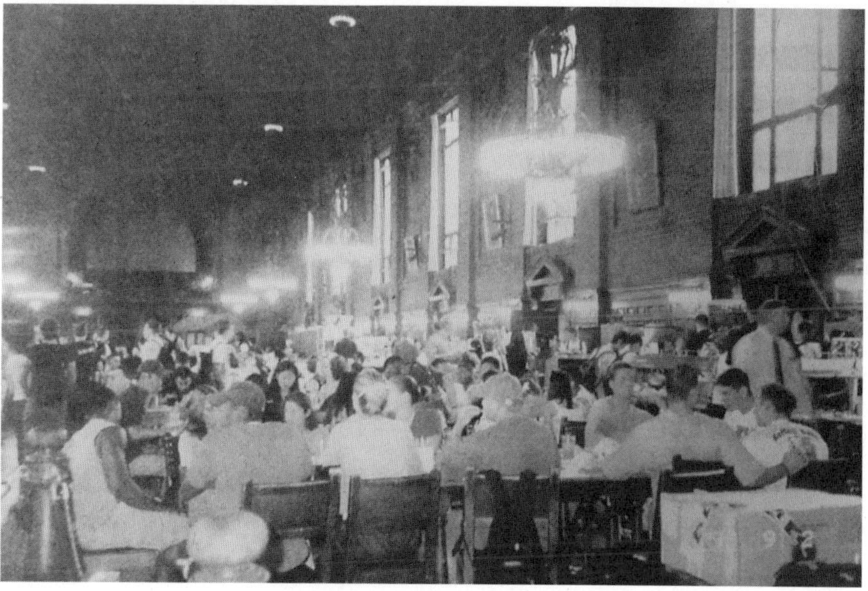

耶鲁大学学生食堂

述人类两位始祖诞生的情节也是区别对待的：先有男人亚当，而后由亚当的肋骨派生出女人夏娃。这似乎是父权制的犹太教与基督教对两性不平等关系的溯源性说明。

20 世纪是性别学知识大发展的世纪。风起云涌的女性主义思潮推翻了古老的神话信条,男女生而平等的新思想正在为越来越多的人所接受。20 世纪后期激进的女性主义甚至要证明上帝本人曾为女性。二三万年前以来的大批女性神像在整个欧亚大陆不断被发掘出来，人类历史上曾盛行女神宗教时期的观点日渐深入人心。

谁知，在这个世纪行将结束的1999年，美国人类学家克雷格·斯坦福（Craig B.Stanford）在一本新著《狩猎之猿：肉食与人类行为起源》[1]中，给男女生而平等的观念带来了致命的一击，而且前所未有地提出食与色之间罕为人知的另一层关联，揭示了人类的肉食行为与男女不平等的根源之间的深刻因缘。

斯坦福在《狩猎之猿》的第一章《不可磨灭的印记》中描述了他所观察的一群野生猩猩猎杀五只猴子的惨烈场景。在坦桑尼亚西部森林之中，猩猩把其他哺乳动物的肉当作它们日常饮食中经常的一小部分，这种同以肉为食的传统人类社会的相似性几乎令人震惊。斯坦福就这样把他的田野观测结果同我们人类祖先的生活习性紧密地联系在一起，由此引发出不关于进化的新的理论推测。

自从英国女学者珍妮·古多尔深入非洲丛林与黑猩猩结为伙伴以来，灵长学作为一门引人注目的前沿科学，不断有新的成果被发现，新的理

[1]*The Hunting Apes：Meat Eating and the Origins of Human Behavior*，Princeton，1999.

好莱坞影城的巨猿金刚招贴画

论假说被提出。学术界已渐渐意识到，我们和猩猩的距离越近，观察得越细致，我们对人类自身的了解也就越深入、越长远。20 世纪六七十年代以来，一批又一批的有志者献身于极富探险性的田野考察事业。像戴安·弗西（Dian Fossey）这样的杰出科学家牺牲于非洲原始森林的事件，时有发生。尽管如此，理论抱负宏大的斯坦福还是在 20 世纪 90 年代两度走入非洲猩猩的领地。他要做的事离不开这些在地球上濒于灭绝的灵长类物种。

上一代的人类学者试图说明狩猎在人类的行为与智力的起源中所起的作用。1968 年召开的一次研讨现存狩猎采集民族之行为的国际会议催生了一部论文集，两位编者为之起名为《作为狩猎者的人》（*Man the Hunter*），这个短语已经成为进化论学者之间经常使用的关键词。沃世本（Sherwood Washburn）和兰卡斯特（Chet Lancaster）合写的论文《狩猎之进化》，专门论述了人类的社会行为和智力如何在猎捕大野兽的悠久历史中培育而成。诸群体行为的合作能力和相互交往能力对于集体狩猎的成功至关重要，它们的增强与肉食作用的增加是紧密相关的。不过，这一观点在人类学界也时常遭到不同角度的反驳，尤其是作为一门边缘学科的女性主义人类学（Feminist Anthropology）之兴起，在某种程度上正是出于对“作为狩猎者的人”这一命题中潜含的性别不平等的愤慨之情。这是因为狩猎活动基本上是男性的行为，强调狩猎对人之进化的关键作用，这就在无形中忽略了女性在社会中获取蛋白质的重要作用，使人脑扩张的原生模式建立在以男性为驱动力的活动之上了。

现在，通过将非人类的狩猎之猿同人类社会中的狩猎群落相对照，可以使雄性获取肉食的说法得到确证。更为微妙的是，肉食，尤其是

与孙康宜教授访康州的印第安博物馆

肉食分享现象，成为解开人类行为与智力进化之谜的关键。斯坦福说，他所观察的非洲大猩猩群体中，雄性猎捕到其他哺乳动物后，还试图用这种肉食资源去操纵和控制雌性。肉食，不仅仅是人们所渴望的有营养价值的食品，而且也是由雄性所掌握的一种社会货币（a social currency），并且因此而成为人类的与某些非人类的灵长动物社会中父权体系的维护工具。

《狩猎之猿》的最后一章题为《肉食的父权制》是意味深长的，这似乎从生物根源上找出了父权社会得以发生和维系的重要原因。如果我们的猿类先祖已经通过肉食占有方面的性别优势而确立了猿类社会中的雄性主导地位，那么同样从事狩猎活动的早期人类社会可能也不会是例外。男女两性的社会分工早在进化之初就注定了彼此间的不平等，难怪受上帝惩罚的亚当与夏娃要各受其苦，命运并不雷同。

斯坦福引述了女性主义作者卡洛尔·亚当斯（Carol Adams）《肉食的性别政治》一书中的观点：许多社会中的女性所吃的食物主要是植物性的，而同一个社会中的男人却可吃到较多的肉；妇女的二等食物代表着父权制社会的一个方面。佩吉·桑戴（Peggy Sandy）考察了一系列传统社会后发现，肉类在饮食中占重要地位的社会极有可能是高度父权制的。人们普遍相信男人只有靠吃肉才能保持和强化其男性力量，而女性则没有这个必要。于是，肉本身几乎成为阳刚的普遍象征。女性为了获得肉食之营养，不得不向男性乞讨，而用来换取猎物的筹码往往就是“色”。下面就是从田野观测中摄取的一个镜头：坦桑尼亚森林中一只雄性黑猩猩正在咬嚼“他”所抓获的猴子的四肢，狩猎群团的其他成员围在“他”身边试图得到一口肉吃……“他”则试图视而不见，不断地转身躲开那些围观者。打破僵局的是一只雌猩猩，“她”以发情的动作，引起雄猩猩的注意。“他”于是让“她”从猴体上撕下一块肉，“她”随后同“她”的婴孩分享这些肉食。“她”及时向“他”展示性器，二者发生性交。与此同时，肉的拥有者允许其他猩猩——一个个久久等候者也得到一块猴肉。这种肉和性相交换的政治网络，以及身份的展示，就是猩猩中常见的肉食分享策略的典型模式。[1]

[1]*The Hunting Apes*，pp.199-200.

《狩猎之猿》的“三重证据法”

如果说在灵长类动物中观察到的生活习性并不一定能够直接类推到作为灵长类进化之魁首的人类身上，那么仅仅用观察野生状态的猩猩所获取的资料去论证人类社会中的种种现象，也就不那么具有充分的说服力了。社会生物学的研究方式为了弥补这一缺憾，尽量寻找社会文化因素与生物因素之间的内在联系与契合点，这就形成了以“二重证据”为特征的现代研究方法。像美国的爱德蒙·威尔逊和英国的莫里斯，都是这方面成果卓著的代表。他们以广阔的生物学为透视背景对社会文化现象所进行的溯源性诠释，比严守人兽之别界限的纯粹“社会科学家”的著述，显得更富有启发性。

斯坦福秉承此种二重证据的现代研究传统，但是他也深知这种以类比和对接为特征的研究方法的弱点和误导可能。“当一个研究者为早期人类的进化建构宏大的理论模型时，她或者他除了诉诸关于灵长类亲属的现存状态的某些惊人相似性的研究之外，几乎别无选择。”这是 20 世纪 90 年代伊始时，他对方法和材料的有限性的充分认识。然而，当 90

我的住所：读《狩猎之猿》现场

年代结束之际，他在著作中已经发展出一种三重论证的思路：把对于和人类最接近的灵长类动物行为的考察同现存狩猎采集部落的原始人的研究，以及从考古遗物中所发现的早期人类生活遗迹的复原性研究结合起来。由这样的三条线索所汇聚而成的契合点，显然要比二重证据的偶合所得出的结论更为可信，更为趋近于客观真相。斯坦福一边从事田野的直接观测，一边阅读了大量关于人类起源的理论著述，这就使他不同于书斋型的学者和缺乏理论视野的民间研究者。斯坦福在《狩猎之猿》的序言中明确表示，他所读到的晚近发表的关于人类起源的大量论著，都不约而同地强调考察猩猩的社会行为对于理解早期人类的重要性，但却很少有人从整合的视角出发，把三重线索的信息统合为一体加以分析和概括。可以预期，21世纪将会是跨学科、跨国界的整合研究大发展的时代。斯坦福对三重证据法的大胆尝试，对于自然科学和人文、社会科学研究者来说，同样具有积极的示范效应。

《狩猎之猿》还有另一层意义，那就是从三重证据所得出的结论对女性主义人类学构成了挑战。

关于猿类的性欲和性生活，始终是现代人类学与灵长类动物学讨论的热门话题。根据斯坦福及其同行们的观察，不论在黑猩猩中，还是在小猩猩（bonobos）中，成年的和青春期的雌性们在其大约每月一次的月经周期中都有一个生动地展示她们生殖力的时期，这种自我展现的行为可称作“发情的肿胀”（sexual swelling），雌猿的外生殖器发红，而且充满淫津，胀大持续数日。这是可以性交的身体广告，它足以刺激雄猩猩发情，并在他们中间引起竞争。雌性凭借这种生理的广告效应去估量哪一位或几位雄性是最合意的。相对于黑猩猩而言，小猩猩显示出

纽黑文市爱德华街一角

超强的性欲（hypersexuality），雌性展示她们的“发情广告”的时间约占6周周期之中的2周。而雌性黑猩猩的月经周期稍短一些，为5周，展示发情肿胀的时间约为10天。尽管猩猩的生育并无季节性，但发情肿胀周期却是季节性的，一般在西部坦桑尼亚的旱季中达到高峰，并且影响到整个猩猩社会的集群生活。即使在怀孕期和哺乳期，雌性也会情不自禁地发生肿胀，不过持续期较短罢了。每逢雌猩猩发情期，她们会对雄性产生很大的诱惑，她们自己也变得更开朗、合群。[1]斯坦福对自己观测到的这一现象十分重视，他确信从中可以透析出人类社会中性别政治的某些遥远的生物根源。

在猩猩社会中，每当那些“流行的”雌性发情广告产生作用之际，社群内部总不免出现暂时的性骚乱现象：雄性之首领试图维持其性的独霸状态，而雌性却积极寻求其他的雄性伙伴，这就自然地给雄性首领的权力带来挑战。灵长类动物的这种性行为模式，对于女性主义颠覆父权社会意识形态的努力显然不利。为什么是夏娃引诱亚当犯罪，而不是相反呢？女性主义者尖锐批评《圣经》神话所体现出的性别歧视和女人祸水观，认为那些故事都是父权社会价值观作用之下的纯粹虚构。现在参照雌猩猩们诱惑雄性的广告表演，夏娃之所以引诱亚当偷食禁果的所以然层面似乎揭开了一些，让人们看到古老神话讲述的性别政治确实还有其深远的进化之根源，并不是无源之水，凭空虚构。

斯坦福的学术灵感可以说直接来自19世纪的古典进化论假说。

达尔文的第二部伟大著作《人类的由来》（*The Descent of Man*，

---

[1]*The Hunting Apes*，pp.74-75.

1871）结尾处提出了“不可磨灭的印记”说，认为进化原理通过自然选择而发挥作用，同样适用于人类。我们的身体在进化历史中由我们祖先所受到的不同阶段之影响镶嵌而成。比如说，我们人类能够屈伸抓握的手，是在6500万年前恐龙时代最后的日子里就成型的；我们的直立姿势也是600万年以前开始形成的；我们的超级容量的大脑，则是在100万至20万年以前的时间里才发育成现在这样的规模的。所有这些生物生理层面的变异加在一起，就有了我们所考察的人类。斯坦福强调说，不只是我们的身体解剖构造由进化塑造而成，我们的社会性灵长类最基本的行为适应方式，也是我们作为高等灵长类动物的进化产物。[1]

1981年，人类学家洛夫乔伊（Owen Lovejoy）撰写论文提出了一种引起争议的人类起源模式。他认为我们应该同时关注直立姿势和人类不寻常的再生产系统，以便建构人属祖先的社会行为模型，解释为什么我们成了两足动物。不同于猩猩中的雌性在排卵期有生殖器发情肿胀的现象，人类的女性隐藏了她们的排卵期。洛夫乔伊在这种排卵期的隐藏之中看到了女性对男性行为操纵的根源。男性不能把握女性排卵的确切时间，猿人先祖们不得不留在女性身边，以防止配偶同其他男性通奸的可能。与此同时，猿人平地生活的不断增多导致两足行走，洛夫乔伊假定由此导致了男性为留在家中的女性提供食物。男性用他们新解放出来的手把肉食带回来给女性吃，以确保女性的营养状况，以便提高对两性都有利的生育率。

面对如此大胆之假设，怎样小心地求证才能避免异想天开的嫌疑呢？

---

[1]*The Hunting Apes*，p.13.

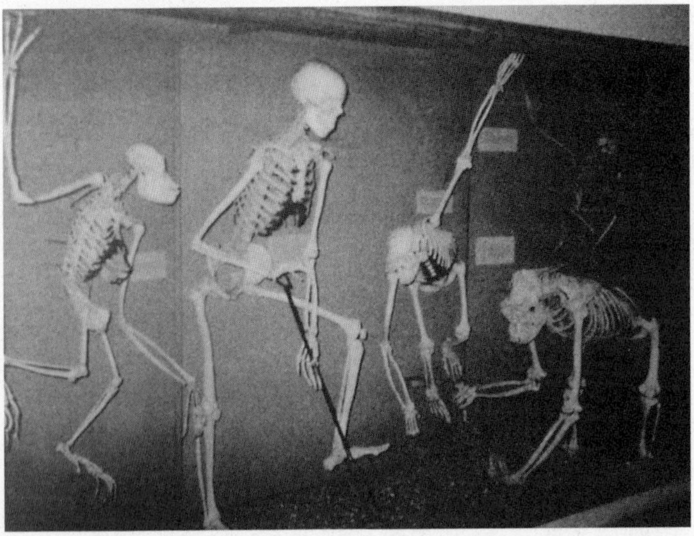

从四足到两足（2001 年 11 月摄于苏格兰博物馆）

斯坦福根据灵长类中多数动物都无排卵期肿胀这一现象的事实，反驳了洛夫乔伊的推断：女性排卵期的隐藏只不过是灵长类习性的保留，黑猩猩和小猩猩的发情期肿胀大约要上溯到 500 万年至 250 万年以前。况且，我们没有证据说明早期人类拥有一夫一妻制。以猩猩的社会为参照，很可能存在的婚配方式是一夫多妻制。这也就是说，根据社会生物学新的田野观察资料可知，早期人类学者假设的人类婚姻初始阶段的理论，诸如乱婚、群婚等皆已失效。一位男性拥有多位女性似乎是以食易色现象的现实土壤。

以食易色的所谓“准卖身”现象不光在猩猩社会中存在，人类的狩猎采集社会中也发生过类似的事件。人类学者塞斯肯（J.Siskind）所调查的南美洲亚马孙河谷的秘鲁沙拉那哈人（Sharanahua）中，狩猎经济构成了社会生活中的一种交换结构，在这种结构之中，“肉食用来和性进行交换”。结构人类学者列维 - 斯特劳斯提出的原始部落之间用女人作为筹码来交换商品的假说，现在看来稍加修改便可以和“以食易色”的新观点相互印证了。由此引出的女性卖淫现象的灵长类根源，显然对女性主义人类学形成了尖锐的新挑战。

要反驳“以食易色”说似乎不那么容易，至少还需要在非洲丛林的人类近亲之中进行长期调查，以收集更加充分的生物学依据。看来，中国古代圣人在“食色，性也”这四个字中埋藏的潜在信息，还有待于后人的不断发掘。食与色之间的关系问题成了解答人之所以为人的关键，这恐怕是孟子和告子们始料不及的吧。

谁是知识的生产者

全球化是现代世界文化发展的大趋势，中国古人所预言的那种“天下大同”或许在某种程度上会变成现实。果真如此，“同”的负面作用也就会前所未有地凸显出来，成为人们普遍忧虑的重要问题。换言之，当“天下大同”还仅仅是一种类似于乌托邦的政治空想时，没有人会意识到“同”所带来的不良反应或不利后果是怎样的；而当“同”一步一步向我们走来时，如何避免由“同”引起的副作用也就成为普遍的自觉。

“同”的副作用首先表现在对“异”或“差异”的消解和压制、遮蔽。当西方人的“雪”（snow）概念与爱斯基摩人的20多种陈述“雪”的语词相遇时，前者必然对后者造成压抑和取代。同样道理，当抽象的认同性概念“猪”被讲汉语的人接受之后，《诗经·七月》中的“言私其豵，献豣于公”就变得难以理解，需要加以注释了。“同”对“差异”的压制、遮蔽作用于此可略见一斑。当全人类的知识体系按照西方标准的科学框架和术语坐标重新整合为“同”的整体时，有多少因时因地而异的东西将被抽象掉或遮蔽住，又有谁能够计算出个究竟。

耶鲁大学图书馆内景

由于“同”意味着普遍化和抽象化，越是具体而微妙的东西越容易遭到忽视和忽略的厄运。文化人类学家吉尔兹从田野经验出发提出的“地方性知识”（local knowledge），哲学家波兰尼从认识论出发提出的“体验性知识”（tacit knowledge），可以说都是回应“同”的专横与粗暴要求的理智方案。可以肯定地说，世界上有多少种“亚文化”或“亚亚文化”，便会有多少种放之彼地而准的“地方性知识”；有多少个不同经验和个性的个体，就会有多少种微妙难言的“体验性知识”。凡此种种，正是为对抗由世界一体化进程所带来的“同”的单调性和枯燥性而保留的人类智慧多样性的生态领地。

对“同”的抵制首先在人类学的研究方法上成为该学科内部的一个争论焦点，受西方式教育的白人人类学者能否真正地把握和传达他们所研究的少数族群的“地方性知识”？如果用标准的西方学术范式和术语来从事研究和表达，“同”的作用是不言而喻的。在这种同化中，究竟还能保留住多少原汁原味的本土地方性呢？

就在人类学者们对既定的方法论提出质疑和争论之际，西方知识界经历了解构主义、后结构主义和后现代主义、后殖民主义的思想洗礼，开始觉悟到“同”虚假的一面和霸权的一面。于是有讽刺性的“宏大叙述”之新名称出现，使过去坚信不移的所谓普遍真理变成过街老鼠。追求具体和实在的“异”成为一时风尚：特殊性和地方性获得空前的学术关注。

英国人类学者摩尔（H. L. Moore）在展望人类学知识的当代变迁时，提出的首要问题是“谁是知识的生产者”（who are the producers of knowledge）：“人类学者总是喜欢把地方上的人们视为地方性知识的生产者，诸如耕作的经验、宇宙论、医药学等方面的知识，但是很少发

以美洲为中心的世界地图（摄于耶鲁大学鲁斯办公楼）

问这些知识可否从当地范围中取出来加以估价。这一点对于后现代主义转向（postmodernist turn）的支持者和批评者而言也是同样的。换言之，地方的人们生产地方性理论，地方性理论是无法比较的。因而又有了如下潜在的假定：非西方人的理论脱离其语境就是无效的。”[1]

这样，不仅西方的科学所生产的理论不再具有普遍的合法性，而且所有的理论都成了局部的和地方性的。人类学的真理当然也只是局部性的。摩尔说：“在人类学者的乔装成比较社会科学的地方性理论和当地被研究的人们的理论之间，就没有什么区别了。由于关注地方性的理解和特殊性，人类学者通常并不把他们所研究的人民当作与地方性知识生产者相对的社会科学理论的生产者。”[2]

我不禁想起在海南的五指山区黎族社区所接触的当地草药。离开了那里的热带雨林环境，这些草药能否在世界上其他地方为其他人治病呢？如果地方性知识仅仅在当地有效，那么我们为什么还要把驰名全球的“云南白药”，以及类似的“藏药”秘方、“蒙药”绝招推向全世界呢？

[1] 摩尔编，摩尔：《人类学知识的变异性》（*The Changing Nature of Anthropological Knowledge*），《人类学知识的未来》（*The Future of Anthropological Knowledge*）罗特累齐公司，1996 年版，第 2 页。

[2] 摩尔编，摩尔：《人类学知识的变异性》（*The Changing Nature of Anthropological Knowledge*），《人类学知识的未来》（*The Future of Anthropological Knowledge*）罗特累齐公司，1996 年版，第 3 页。

从《金枝》、《东方学》到《黑色雅典娜》

梳理20世纪西方知识界的文化寻根浪潮，有几部书引起我的特别兴趣，可以将它们视为学术思想进程中的里程碑式著作：弗雷泽的《金枝》、施瓦布（R.Schwab）的《东方文艺复兴》[1]、萨义德的《东方学》和伯纳尔（Martin Bernal）的《黑色雅典娜》[2]。这几部书在学术史上的影响非同小可，又分别代表着每一个时期知识氛围的特点。

《金枝》被称为古典人类学的“圣经”，或人类早期巫术、宗教、神话、仪式和习俗的百科全书，它在激发西方人对远方异国情调的想象，建构关于“原始社会”的图景，催生现代主义的原始情结等方面的巨大作用，学界早有公论。光是集中研究《金枝》对西方现代派文学影响的专著就有维克里的《〈金枝〉的文学影响》[3]、罗伯特·弗雷泽等编的《詹姆士·弗雷泽爵士与文学想象》[4]等多种，国内也有相当的专文介绍。

---

[1]*La Renaissance Orientale*，Paris：Bibliotheque Historique，1950.

[2]*Black Athena*，Free Association Books，London，1987.

[3]J.B.Vickry，*The Literary Impact of The Goldern Bough*，1973.

[4]R.Frazer ed.，*Sir James Frazer and the Literary Imagination*，Macmillan，1990.

作者与前耶鲁大学解构主义“四人团”主将希利斯·米勒教授重逢

加拿大批评家弗莱在1957年的《批评的解剖》一书中，干脆把《金枝》奉为文学批评的杰作。当年郑振铎先生读到《金枝》后大受启发，写出了《汤祷篇》等，被周予同先生称赞为在信古派与疑古派的斗争夹缝中另辟出了一条古史研究道路。施瓦布的法文著作《东方文艺复兴》问世之际，中国学界已全面倒向苏联模式，与西方学术开始隔离，所以整整半个世纪以来，这部书尚不为国人所知。这是一部学术思想史或专题学术史类的著作，它所讨论的范围要比《金枝》那种包举宇内、纵横四海的气势小得多，集中探讨了西方知识界对印度文化与伊朗文化兴趣的由来，英、法势力在南亚和东南亚地区的渗透如何诱发了人们对东方异国的再想象、对古老的梵语的再发现，以及由此而催生的专门学科“东方学”如何在18—19世纪的欧洲学界获得建制。施瓦布的书名得自于一个多世纪前埃得加·奎耐特（Edgar Quinet）著作中一章的标题，他们两人有一个共识：新兴的东方学已经压倒了新古典主义，关于古代印度语言文化的知识，其重要性对于西方文明来说并不亚于传统的古典学——古希腊罗马语言文化研究。施瓦布认为，第一位提出一种“东方文艺复兴”思想的人是德国浪漫派的代表人物、语言学家弗里德里希·施雷格尔。他在19世纪初的《印度人的语言与智慧》一文中声称，研究印度文学需要巨大的热情和虔诚，一旦这座古老的智慧宝库被打开，世界将会随之而改变。这种对东方文化的热切期待心理，使我们想到德国诗人歌德和席勒在初读梵剧《沙恭达罗》后的强烈反应，后者甚至认为这一部印度剧在表达美妙爱情方面的价值超过古希腊全部剧作。

以今天的全球一体化大视野来看，过去的两个世纪正是东西方文化打破隔绝、相互认识和相互交流对话的两个世纪。在这一过程中，外向

作者与毛利人在一起

型的西方强势文化对于内向型的东方弱势文化总是充当探险家、探宝者的探求角色。中世纪寻找圣杯的传奇故事伴随着近代殖民化历史的展开而兑现为寻找财富与新知的现实冲动。西方知识分子眼中的东方异族也只有随着文化误读的节奏效应而在乌托邦化与妖魔化之间往复运动：文化期待心理的投射作用，总是把文化他者加以美化、理想化；而真实的接触和霸权话语中的偏见，又总是将乌托邦化的他者打翻在地，使之呈现出丑陋的“妖怪”面目。

由于施瓦布的书早于萨义德的《东方学》20多年问世，所以书中并没有突出批判西方中心主义霸权话语的后殖民理论倾向，而是专注于史实的钩稽和文献的梳理，特别是有关古印度和古伊朗语言的研究如何在欧洲的历史比较语言学中达成“印欧语”的假说，这一假说派生的文化寻根热如何成为19世纪后期欧洲知识界的持久兴奋点。由于语言上的亲缘关系得到空前的揭示，文化上的认同感也就顺理成章了，20世纪末期的欧洲一体化，也许只有置于19世纪后期以来的欧洲各国民族在语言文化上的认同背景中加以审视，才会看得更清楚吧。而印欧母语假说对于印度文化而言，使欧洲知识分子的想象空间得到调整，喜马拉雅山脚下的深肤色古老人种，现在变得既遥远又亲近：远的是地理上的距离，近的是人种和血缘。试想一个家族中丢失已久的一位成员突然又回归到家中来了，对于双方来说会是怎样一种境况？充满着白人优越感与西方中心主义偏见的诺贝尔文学奖，为什么第一次看中的东方作者便是印度的泰戈尔？即使不论泰戈尔所受的英语教育和英国留学经历，如果不是走了爱尔兰诗人叶芝的“后门”获得推荐，诺贝尔文学奖垂青东方人的时间也许要推迟数十年。（第二位获诺贝尔文学奖的东方作家川端康成比泰戈尔获奖的时间晚了半个世纪，这个时间差耐人寻味。）

一位研究英语文学与印度之关系的印度学者崔维迪（Harish Trivedi）在《殖民的交换》[1]一书中无奈地说：“从我们全部殖民经验中构建的现代印度历史中，印度和英国的文学和文化交流才是最重要的方面。它们仍然在建构我们的感觉和身份，即使今日的后殖民时代也不亚于昔日的殖民时代。直言之，是英语的征服与统治；美言之，则是东西方的相遇。”印度人借助于欧洲人的再发现才开始认识本民族的历史根脉，而欧洲人也在比较语言学和新兴的东方考古学的双重刺激之下，将对西方文明根脉的把握转向古希腊之外，在西亚、南亚和北非去探求更为久远的文明传统。

施瓦布确信，西方人对“东方”的发现是近代以来“全球”观念形成的基础，这一发现的思想背景与浪漫主义运动密不可分，是从18世纪后期开始的。他指出，在浪漫主义时代之前，欧洲的男男女女并不知道、也不会去关心“东方”的存在及其价值。就在启蒙运动时期，埃及还被看作属于西方文明，而不是东方文明。这一时空错置直到19世纪东方学大盛时才被纠正过来。德国浪漫主义者曾认为，人类和白种人（the Caucasians）均起源于中亚的高原山区。而古代印度的书面语言梵语及其使用者雅利安人也被看作是起源于中亚高原的游牧者群落。这一巧合使自认为是雅利安族后代的欧洲人极度兴奋，由此诱发的文化寻根的激情弥漫在诗人、学者和政治家的言行之中。英国湖畔派诗人几乎全体拜倒在新翻译过来的印度古诗之下，德国的歌德撰写出《东西合集》，连

[1]*Colonial Transactions*，Manchester University Press，1995，p.vii.

拿破仑 1798 年远征埃及时还随身带着一本《吠陀》。在德国的大学里，梵语一度成为人所仰望的显学，梵文教授的职位之荣耀盖过希腊文、拉丁文教授。中国学界当然不会忘记本族的印度语言文化专家季羡林先生，也是在德国面壁十载才学成梵文归国的。倘若大唐和尚玄奘活到今日，要去取真经的地方恐怕不是印度而是德国吧？季先生近年有一个颇惹争议的命题——“21 世纪是东方人的世纪”，其实若从学统渊源上看，这种表达方式乃直承欧洲学界的“东方文艺复兴”传统。只要随手举出两个例子，就不难发现当今中国学人的“东方复兴”期待，其实要比 100 年前的法国人和 200 年前的德国人委婉得多。

1915 年，罗曼·罗兰，这位为法国赢得第三个诺贝尔文学奖的大文豪宣称：被世界大战所损伤手脚的欧洲，将从亚洲的文化精神中获得治疗的希望，未来就在于认识和发扬东方的传统。

1803 年，第一个在波恩大学获得梵文教授席位的施雷格尔在一封信中写道：“一切，一切的一切，都源于印度。”看来在地理大发现时代以来的全球化进程中，东方注定是被“发现”的一方。不论怎样呼唤“复兴”，其被动性已然成为宿命。难怪萨义德在其《东方学》卷首题词里要引用马克思《路易·波拿巴的雾月 18 日》中的话来为自己点题：“他们不能表现自己，他们必须被人表现。”同样的话语从东方人口中说出和从西方人口中说出，效果截然不同。文化身份的悬殊使同一种措辞要么成为赞誉，要么成为自大。

萨义德以一个旅居美国的东方学者的身份面对和施瓦布同样的东方学史课题，尽管他在书中 10 多次提到施瓦布的著作和观点，间或还有大段的引述，但是他的兴趣和意图却截然不同。简言之，施瓦布是欧洲的

2001 年第三届中美双边比较文学讨论会，与耶鲁代表团希利斯 · 米勒教授合影

东方学的生动讲述者，而萨义德则是东方学的批判者和颠覆者。如美国人类学者詹姆士·克里福德（James Clifford）所说：

萨义德的话题常被认为是同19世纪的语言学、东方语言文本的收集和整理相关的一门相当陈旧的学科。雷蒙德·施瓦布的百科全书式的《东方文艺复兴》（1950）当然是这个领域的经典性历史，其中包括了汉学家、伊斯兰学者、印欧学家、文人、旅行者，等等。萨义德无意去修订或增补施瓦布的书，因为他的方法不是历史学的或经验式的研究，而是演绎的和建构式的。他的研究在拓展该领域的同时还使之形式化，把东方学转化成为一种复杂多样之总体的举隅修辞术（synecdoche）。萨义德效法福柯把这个整体称为“话语”。[1]

在这里，我们可以明白的是，自尼采到福柯的学术叛逆性格和系谱学方法，使萨义德的《东方学》实际上解构了西方人的东方学，并将尖锐批判的矛头直指西方所谓“知识”、“科学”的虚构性，以及学术话语背后的殖民主义价值观。也正因为这样，《东方学》比法国人施瓦布的《东方文艺复兴》更加具有超学科的影响和冲击力，现在几乎成为文化研究方面引用率最高的当代经典之一。

等到英国人伯纳尔着手撰写《黑色雅典娜》这部为整个西方文明重新寻根的上千页的大书时，他一定费心权衡过如何在施瓦布和萨义德所代表的两种写作方式之间找到后来居上的途径。该书首卷 575 页的巨大

[1] 克里福德：《论（东方学》（*On Orientalism*），《文化的困境》（*The Predicament of Culturn*），哈佛大学出版社，1988 年版，第 757 页。

篇幅仅有4次提到萨义德，提到施瓦布稍多，加上引用和介绍共有10余次。卷首的谢词中列举的数十个人名中，萨义德的名字被排在第70位。书的副题叫《古典文明的非洲亚洲之根》（*The Afroasiatic Roots of Classical Civilization*），此处的“古典”同英语中的惯用法一致，专指古希腊罗马文化。作者显然是要告诉世人，西方文明之根并不在西方自身，而在东方。而且，这种“根”（roots）是复数的，是一种复杂的盘根错节，而不是一目了然的单一根脉。伯纳尔用一个言简意赅的合成新词“非亚”来替代形形色色含混的“东方”（east，oriental），似乎要把北部非洲和西部亚洲看成是与欧洲不可分割的文化传播区。这就从眼界上和研究范围上超过了以印欧文化和阿拉伯文化为主线的施瓦布和萨义德。伯纳尔不是在陈述或者颠覆欧洲人的东方学，他是在重构东方学，使它成为与西方学不可分割的知识，成为西方文明史的基础。

《黑色雅典娜》首卷题为《编造的古希腊1785—1985》（*The Fabrication of Ancient Greece 1785—1985*）。全书共10章，从古典学的诞生讲起，追溯中世纪和文艺复兴时期对古埃及和古希腊文化关系的认识，17、18世纪以来埃及学作为一个专门学术领域几经兴衰的情况，乃至19、20世纪西方公众心目中的埃及形象，种族主义时期对埃及人是否黑肤色的疑问，腓尼基学与亚述学的兴衰，闪族人种的由来与流布，雅利安模式的产生与演化等。末章讲述二战后东方学阵容的新变化与埃及学的再造，尤其是黑人学者中间关于黑人构成古埃及文明的主体的观点。全书的叙述主线是有关希腊文明起源的两种理论假说模型之间的对立消长，即埃及模型与雅利安（印欧）模型。作者的倾向性在《黑色雅典娜》这个惊人耳目的书名中已体现出来：确认以黑肤色人种为主体的古埃及文明在古希腊文明诞生中的重要作用。

伯纳尔这部书的精彩之处当然不在于他调和各种观点的能力，而在于他成功地引入了知识社会学的视角，在清晰地陈述学术史复杂多变的脉络的同时，透过“学术”和“科学性”的表象去揭示背后发挥作用的文化权力因素和种族偏见，从所以然的层面上说明为什么在不同的历史时段会产生某种貌似真理的知识编造。这种写法虽然也是学术寻根，但与《金枝》的思路很不相同，倒是和《东方学》一脉相承，体现着后现代知识观与解构精神。

现代性与原始性：符号如何建构现实

动物生活在纯粹的现实中。我们人类由于有符号，能受观念支配，生活在符号所建构的现实中；换句话说，我们所谓的现实，其实并非客观的实在，而是在或多或少的程度上由符号建构出来的。

索绪尔作为符号分析的创始者，率先提出符号只是能指和所指的结合物，“能指”作为符号的物质形式本身并没有意义，只是在关系网中才获致意义。符号的意义是区别性的，不是由肯定的内容而是由否定的内容来界定的，意义取决于与其他符号的关系。法国社会学创始者涂尔干在《宗教生活的基本形式》一书中提出了“圣/俗”的区分概念框架，可以说是将索绪尔的符号意义分析法活用到宗教研究中的范例。通过精辟地解说宗教思维怎样将世界划分成两个截然不同的领域，涂尔干为我们揭示了符号建构现实的生动案例：“我们已知的所有宗教信仰，不论简单还是复杂，都表现出一种共同特征：它们假定了一种对所有事物的分类，真实的与理想的，人们凭借这种分类将一切事物纳入两种范围或对立的群组，用来进行此种划分的两个区别术语很微妙地译作‘俗’与

夏威夷原住民的仪式符号

‘圣’（profane，sacred）。”[1]

根据索绪尔的原则，“圣”与“俗”这一对概念恰好是相互依存和相辅相成的。没有一方，另一方也就失去了意指的范围，因而也就失去独立存在的可能。正是借助此种截然的划分，所有的宗教都不同程度地给自己确认出与世俗世界相区别的特殊精神领域。涂尔干接着写道：“这种区分把世界一分为二，其中的一个包含所有神圣的事物，另一个则包括所有世俗的事物。宗教思维就由此而独具特色。信仰、神话、教义和传说要么就是神圣事物本质的表现或表现系统，要么就是它们彼此之关系或世俗事物之关系的表现。美德和神力则只属于前一领域。”[2]

这种宗教思维的惯用分类法并不仅仅限于应用在神灵世界方面，而是拓展到了一切种类的事物。诸如一棵树、一块石头、一间房屋、一声鸟鸣、一阵微风，几乎任何事物都可以是“圣”的，只要人们感觉它是圣的或认为它是圣的。在原始宗教的种种表现中，这种情形极为普遍，远比后世人为宗教的教堂范围内的事物要常见得多。

20世纪著名的宗教史家艾利亚德撰写了《圣与俗：宗教的本质》一书，把此种二元对立的区分范畴视为宗教现象的本质所在。该书侧重分析“圣/俗”划分在时间和空间方面的体现，讨论作为神圣历史之讲述的神话，还揭示出许多当代人所做的事实际上是古代神圣仪式活动的翻版。这种洞察给今日流行的文化符号分析提供了有益的借鉴。用艾利亚德的话说：“那些认为自己不是宗教教徒的现代人仍然保持着许多被改装的

[1]Emile Durkheim，*The Elementary Forms of the Religious Life*，New York，Free Press，1967，p.52.

[2]Emile Durkheim，*The Elementary Forms of the Religious Life*，New York，Free Press，1967，p.52.

好莱坞影城

纽约世贸中心楼顶的留影，竟成为世纪绝版，2000 年 1 月。

神话和退化的仪式。”[1] 如何从今天流行的却又习焉不察的现代生活表现中看出原始性的遗存，这只是少数专业知识丰富、眼光独到的专家才能胜任的。艾利亚德在这方面早已确立了卓尔不群的地位。他不仅熟悉从史前信仰到现代宗教的极广泛的宗教思想史大背景，而且对诸如萨满教、禅宗这样一些地域性的特殊宗教现象也做过深入研究。这些研究的经验积累使他具有一种异中求同的穿透性眼光，对符号的再生产机制能够了如指掌。借助于《圣与俗》一书的揭示，我们可以意识到以下几个方面的古今相通现象：

第一，像新年聚会这样的事件，人们走入一所新房子，庆祝新的时间周期的开始，这不过是古代的再生礼仪的一种还俗的形式。我们据此可以理解，古代的帝王每当改朝换代之际都要确认新的年号，并且“改制度，易服色”，以便同以前的时代相区别，突出自己的新创性。

第二，当今的电影院中仍在变相地演出古老的母题，诸如英雄与妖怪交战，入社仪式性考验与格斗，以及天堂与地狱的经验，等等。

第三，裸体运动和性自由运动与人类堕落之前的天真状态的观念相联系，也可看作是一种对伊甸园状态的怀乡病。

第四，精神分析是古代的入社仪式性考验以及同妖魔战斗的现代化翻版。

根据这几个方面的古今对照，艾利亚德认为大多数人仍然坚信某种准宗教或退化的神话，即使是那些自认为不信教的人也是如此。这是因为，世俗之人也是宗教生物的后代（descendent of homo religiosus），他不

[1]M.Eliade, *The Sacred and the Profane: The Nature of Religion*, English translation by W.Trask, New York, 1961, p.204.

可能抹去自己的历史。这就是说，他的宗教祖先的行为使他成为今日这样的人。

经过如此界定和示范的“圣 / 俗”对立范畴，在考察当代的文化再生产现象中有很广阔的应用空间。现代生活中的许多事物均可被揭开摩登的伪装，上溯到历史上曾有过的宗教性神圣界域中去。人们观念中原本呈对立状态的“现代性”与“原始性”，经过这种历史深度的透视，也就变成了你中有我、我中有你的相通状态了。

比如现代派艺术中的原始主义风潮，从 19 世纪的法国画家高更迷恋南太平洋塔西提岛民的古朴生活，到 20 世纪的毕加索醉心于非洲假面造型的表现风格，如果不是从纯艺术的角度去看，而是从文化价值选择的角度去看，均可视为一种弃“俗”而返“圣”的精神取向。艺术家所要放弃的“俗”就是资本主义工业化、市场化的现实社会，他们所要回返的“圣”就是以原始古朴为表现形式的伊甸园状态。塔西提岛和非洲土著只是与西方文化价值观完全不同的异质空间的代表，借助于这种逃离“俗”世生活而向往异质空间的精神企求，现代主义艺术的宗教维度便清晰地彰显出来了。

若把“圣”看成原生的形态，“俗”是后来派生的形态，那么放弃世俗与追求神圣的志向就可看作是某种归根返本的冲动，由此而引出“原型志向的思想”。[1] 例如植物世界的丰富多样性被理解为某一种“原植物”（urpflanze）变形的结果。1786 年最初的“伊加利亚旅行”就是要在岛屿上寻找原植物。经验的世俗世界中多样性的现象，可以还原为单一

[1] 参看楼井德太郎：《变身》，弘文堂，昭和四十九年，第 149 页。

原始性复归：英格兰史前巨石祭坛如今成为民间朝圣之地

的原型或祖型。现实的现象世界复杂而污秽,更加助长了归真返璞的要求。

生活在后现代社会中的人们,热衷于文身、裸体、冒险旅游、荒野流浪、极限刺激等，都是以各种方式反叛现代性、要求复归本真的存在方式的表现。他们通过符号建构原始性的现实，表明自己背离现代性的反文化意向。近来风靡世界的《哈利·波特》，其实也是用原始性的巫术与魔幻来颠覆现代性的代表作。

文本能否说话

文明人一向以自己的文字书写能力傲视元文字的“原始人”。有没有书写的文本，成为区分文明与野蛮的不二尺度。20世纪蓬勃发展的人类学和文学研究终于打破了这种历史偏见，重新确认了比书写文字要古老得多的口传文化传统的重要价值。

美国耶鲁大学的哈维洛克（E.A.Havelock）教授于1986年出版了《缪斯学写：古今对口传与书写的反思》[1]一书。该书便借助于这个现代发现，提出“文本能否说话”（Can a text speak？）的大胆命题，以及让古希腊的文本重新“说话”的可能性，即通过早期的文本世界去透视更早的口传世界。这个新的研究取向可以表明，作为“过程”的文学相对于作为“作品”的文学，对于理解文学现象来说是如何的不可或缺；作为“过程”的文学在未来的文学研究中应占有何种地位，获得怎样的发展。

[1]E.A.Havelock，*The Muse Learns to Write*，Yale University Press，1986.

耶鲁大学善本书库

反过来看，20世纪对口传文化的再发现，也给以往的书写文化研究带来新的反观之镜。因为只有在和口传相互对立、相互补充的意义上，书写的文本的实质才更得以彰显。瑞典学者帕尔森的新著《博学者的文本生活》[1]一书，挪威奥斯陆大学的人类学家阿切提教授编的《探索书写：人类学与书写的多样性》[2]论文集，均为20世纪90年代的代表性成果。前者试图从文本生活方面去理解冰岛的社会与历史，特别关注当下的呈现与遥远的过去，田野作业与书写技术，文本与“真实”生活的关系。后者收入一次研讨会上11位学者的论文，分别探讨3个主题：书写的身份，虚构在人类学思考和写作中的作用，边缘性的写作。阿切提在导论中说，人类学关注“小传统”和口传文化，但是人类学的书写文本却难免把大传统和书写文化的成分强加在其所要研究和所要表达的对象上，从而导致在把握口传文化上的失真现象。因此，在复杂社会中工作的人类学者，一方面要关注作为对象的口传文化，另一方面也必须关注把握对象时的书写文本的多样性特征。在后一方面，文学写作的方式对人类学家有很大的帮助。阿切提写道：

什么是文学作品能够影响我们对一个特定的“外国”文化和社会背景的理解方式的因素呢？如果我们以直观的方式看待实际的写作，就可以确认如下的二分现象：“事实的”与“虚构的”，“论述的”和“想象的”。文学写作属于虚构与想象的领域。我们还有常用的文学形式的

[1]G.Palsson，*The Textual Life of Savants：Enthnography，Iceland，and the Linguistic Turn*，Harwood Academic Publishers，1995.

[2]E.P.Archetti，ed.，*Exploring the Written：Anthropology and Mutiplicity of Writing*，Oslo：Scandinavian University Press，1994.

耶鲁大学珍本图书馆前广场一角

分类法：诗歌、戏剧和小说；也有按照不同风格的分类：史诗、悲剧、喜剧、抒情诗。所有这些表现形式足以说明，书写文本的世界是一种异类混杂的世界。[1]

就这样，人类学对口传文化的发掘与认识，反过来启发和促进了对书写文本世界的复杂性和异质性的再认识。同样道理，文学写作对人类学和民族志的启发，引导出确认文化表现中的“事实”与“虚构”的自觉要求，而这方面的理论反思也必将给传统的文学研究带来又一次反观自身的有益启迪。从20世纪80年代中期两位新锐人类学家克里福德和马库斯合编的那本引起广泛讨论的文集《书写文化：民族志的诗学与政治学》[2]，到20世纪90年代后期更年轻的三位人类学讲师合编的《书写文化之后》[3]，以及女性主义人类学家编的《女人书写文化》[4]，我们可以清楚地看到，口传与书写之间的文化张力、文学批评理论和人类学之间的学科张力、男性与女性之间的性别张力是如何相互交织和相互作用，给20世纪末的学术界带来充满活力的创新契机，诱发一系列有待于深入反思的课题。

“我们表现谁？表现什么？如何表现？对于公开承认社会人类学不再能够实现其传统目标——对异国的、文化他者的生活提供整体性和客

[1]*Exploring the Written*，pp.12-13.

[2]G.Clifford and Marcus ed.，*Writing Culture：The Poetics and Politics of Enthnography*，Berkeley：University of California Press，1986.

[3]Allison James，Jenny Hockey and Andrew Dawson ed.，*After Writing Culture*，Routledge，1997.

[4]Ruth Behar and D.A.Gordon ed.，*Woman Writing Culture*，Berkeley：University of California Press，1995.

作者与法国大学者德里达相会（2001 年 9 月摄于北京王府饭店）

观性的表现——的人类学者来说，这是迫在眉睫的紧要问题。”[1]在《书写文化之后》卷首的这段话，似乎可以看作处在全球化和文化变迁过程中的人文知识分子面对“说”与“写”的凄楚困境所流露出的深深的忧患。“客观性”神话的破灭并未把理性引向虚无和无所作为，反而促使当代学人更加强化了自我反思与自我质询的能力。如果我们承认文明史就是有文字记载的历史，那么可以说，从更深层的意义上讲，现代学术对口传文化的再发现运动所催生的对书写文化的质询，其实也就是对文明本身的质询。一旦缪斯女神学会了书写，她所写出的和她原来所唱出的东西还能是一样的吗？传统的文明史观向来把“文”的有无作为判断文明与蒙昧的分野，可是现在人们终于开始发问：与说唱和展演相比，书写和文本的出现究竟是表现的进步和飞跃呢，还是遮蔽与片面化的开端呢？尽管文明建立5000年后出现的这场全面的理论反思必然会带来新的“智慧的痛苦”，但是这总比常年沉睡在“文明的蒙昧”与自我麻醉状态中更具有积极意义。

透过5000年形成的书写与文本的重重蔽障，重新倾听缪斯女神青春的歌唱，其文化寻根的意蕴不是很值得回味吗？

带着“文本能否说话”的问题思路去反观我们文明中最重要的儒家文本《论语》，你会发现该文本本来就是说话的。孔子并非《论语》的作者，那是他的弟子们追记的老师的讲课实录和言行汇编，就像索绪尔的《普通语言学教程》。孔子不是公开表示过“述而不作”的态度吗？一般认为，“述而不作”指的是复述古人而不自己创新，我却认为这可能是针对书

[1]*After Writing Culture*，p.1.

耶鲁大学主图书馆三楼藏书室

写与口传的新旧两种文化冲突的一种表态。“述”就是口述、讲述，“作”就是书写、作文。不信请再读《论语》，那不是以问答式口头对话为特色的吗？再琢磨书名的两个字，“论”和“语”都是源自口传文化的概念，表明这部书的文本原来是能说话的。甚至孔子关于学习的最有名的篇言“学而时习之”，也暗示着口传文化的记诵式教学方式。这些念头仅在此说说是不能服人的，我希望有朝一日能写一本专著来讨论。

身体人类学随想

由于人类学是一个发展迅速、穿透力巨大、辐射面又极广的新兴学科，我们在 20 世纪后期，也就是这门学科将满一个世纪的时候，看到冠以人类学之名的新的分支学科纷纷出现，而且好像还呈现出与日俱增的态势。诸如符号人类学、饮食人类学、象征人类学、认知人类学、宗教人类学、政治人类学、经济人类学、历史人类学、表演人类学、舞蹈人类学、音乐人类学、语言人类学（又称人类语言学）、对话人类学，等等。好像原有的人文、社会科学的各个门类都可以在某种程度上找到与人类学嫁接或联姻的生长点，从中派生出某个新的边缘性学科或研究领域。身体人类学就是这样的一个领域。

追溯身体人类学的思想源头，不得不回顾 20 世纪中叶的哲学变革，以及法国哲学家梅劳 - 庞蒂的名著《知觉现象学》（1945）。它的第一部分即以“身体”为题。作者宣称：“正是在我们自己身上，我们发现了现象学的统一性和它的真正含义。”该书一反昔日的哲学仅仅关注形而上问题的传统，把形而下的身体作为现象学分析的起点，把“作为物

改变身体结构的习俗：泰国北部卡伦部落长脖妇女

体的身体”、“身体的体验”、“身体的空间性”、“身体的性别”、“作为表达和言语的身体”等一系列问题作为哲学问题来探讨，从而揭开了现象学发展史上的“身体现象学”时代。后来，福柯用他那独特的思想史研究的形而下视角，出色地发展了身体研究的文化思路。

梅劳–庞蒂思想的德国继承人赫尔曼·施密茨的《新现象学》（1980）一书指出，现象学创始人胡塞尔和康德一样，未能摆脱先验现象学的心灵形而上学的影响。在他看来，这种心灵形而上学就是西方思想关于人的身心二元论的理论构架。它反映了自柏拉图以来西方哲学 2000 年传统的根本弊端，就是忽视了无法纳入这种理论模式的“身体感受的巨大对象领域”。为了弥补这一缺憾，施密茨本人以责无旁贷的姿态撰写了一部《身体与情感》（1989）。而另一位东方思想家——日本的汤潜泰雄，则在《身体与修行》一书中用“身心一体”的东方传统来批判西方的身心二元论，以及建立在此基础上的西方科学观。

就这样，作为学理问题的身体在 20 世纪后期变得越来越显眼，与此相关的讨论扩大为东西方思想传统的现代对话，因此显得越发热闹起来。

1977 年，北爱尔兰的贝尔法斯特女王大学社会人类学系教授约翰·布莱金编辑出版了一部题名为《身体人类学》的书，这是由英国学术院资助、总部设在英国的社会人类学家协会主办的一次人类学专题研讨会的论文汇编。共有 18 位人类学者撰写的论文入选该书，从中可以大致了解身体这个新的研究领域如何引发了人类学自身的变化。

布莱金在导论中说，身体人类学不同于以往的体质人类学（physical anthropology），因为它所关注的不光是人体的生理、生物学特征，而更重要的是其文化的和社会的特征。诚然，身体人类学必须承认，人类

玻利尼西亚酋长的身体语言

行为与活动是其生物机体在特定的社会的、物理的环境之中独特的功能作用，并且顺应着生物进化的大背景。要想解释人类的行为，就离不开对人的身体作为一个生理系统的透彻理解。但是，这一前提并不意味着人类学家应该像心理学家或生理学家那样考虑问题。“我们主要关注的是，在各种变化的社会互动的背景中，那些成为文化的过程与产物的身体的外在化和延伸（externalizations and extensions of the body）。”[1]作者认为，将人类学划分为体质人类学和文化人类学的传统二分法要失效了，因为下述事实已经很清楚了：人体的外在形状其实就受到文化的影响，而像语言这样一种明显的文化现象也是有其生理基础的。

人体与动物体的最明显区别在于大脑的结构。人类发达的大脑是如何产生的？回答这个关键问题就需要兼顾生物的和文化的因素。比如，进化过程中的直立行走和工具的使用，前者是生物性因素居多，后者则属于文化的发明。就此而言，人的身体与动物身体不可同日而语。布莱金引用英国著名人类学家玛莉·道格拉斯《自然的象征》一书中的话：“社会性的身体制约着生物的身体被感知的方式。由于身体的生理经验总是被社会的范畴所调节修饰，因此它确认着一种特殊的社会观点。在这两类身体经验之间的持续的意义交换，使得每一方都会强化对方的范畴。作为这种相互作用的结果，身体本身就成为某种高度限定的表现媒介。”玛莉·道格拉斯为身体人类学开了先河，但她的社会身体观也受到当今学者的纠正。他们认为，社会身体离不开物质身体，二者同在文化中相遇。

在布莱金看来，身体人类学的首要研究领域应是“人类情感的品质

[1]Jhon Blacking，*Towards An Anthropology of Body*，*The Anthropology of Body*，London：Academic Press.1977，p.2.

和感觉的结构”。这样的任务当然离不开社会、文化的具体背景。这难免使人想起梅劳-庞蒂《知觉现象学》中的一个例子：日本人和西方人表达愤怒和爱情的身体动作并不一样。愤怒中的日本人面带笑容，而愤怒中的西方人则面红耳赤，或面色发白，话音升高而且带有尖叫声。两个有意识的主体有同样的身体器官和同样的神经系统，但是这种生理上的一致性却不能保证同样的情绪在他们身上以同样的方式表现出来。由此可见，情感和情感行为同语词一样，与其说是自然的，不如说是由文化产生出来的。身体本身是自然的产物，而人们运用其身体的方式却是由特定社会约定俗成的。一个人对自己身体的运用超越了作为单纯生物存在的这个身体。西方人用嘴对嘴的亲吻表达两性之爱，日本人的传统习俗中却没有这个身体动作。梅劳-庞蒂由此得出结论说：是行为本身创造了超越解剖结构的、内在于行为的意义，因为行为能自我教授和自我理解。

可以确定的是，身体现象学和身体人类学在将考察对象还原到具体文化情境之中这点上达成一致。而传统哲学要么是只关注“心”（心灵、精神）而排斥“身”，要么是用形而上的抽象来看待和处理作为研究对象的身体，致使这一块研究领地长久地空旷与荒芜。难怪20世纪末国内某媒体称“身体研究是本世纪最后一个新知领域”；也难怪社会学、人类学、美学、符号学、广告学等各个领域都急切地跨入这个新知领域，希望从中掘得金矿，或者至少能从新知方面分得一杯羹。

我在1993年写作《诗经的文化阐释》时，因涉及诗人与仪式诗歌的关系问题而关注身体的文化蕴涵。当时也引用了一些人类学的材料，论证远古的所谓身体异常者——瞽矇（瞎子）、阴阳人（双性同体）、净身祭司、精神异常者和法术性的仪式表演活动的特殊关联，从而确认圣诗（与世俗性的歌谣相对）起源的主体背景（萨满—巫师）条件。拙著出版后，远在日本任教的王孝廉教授来信说："我觉得好像有些过分强调了中国古代阉人的作用，给人一种古代中国的文化是建立在畸零人身上的感觉。以前日本加藤常贤先生写过'古代中国的不具者'，把中国古代的圣贤及文化创造者全考证为残障者。儒家的君子，加藤先生从尹和口组成的'君'字考证，结果认为君子全是佝偻残障集团了。"

王教授的这一批评虽很客气，但还是迫使我对这一问题继续追索证据，甚至对加藤先生的见解产生认同感。我当时想的是，身体的正常与异常的区分是相对的，今人对此看得有点绝对化，所以一说到身体异常就会有不愉快的联想，乃至于产生党同伐"异"的自发性情感反应，如果真能非常冷静地站在古人立场看问题，异常未必不好。现在，布莱金的如下论点更加强了我的信念：在文化进化的过程中一些重大的进步，特别是在被称为"艺术"的活动中，常常是由那些逸出正轨的人（deviant）或者异常人（abnormal）完成的。[1]人类学在这方面可以提供无数的例证。

1995年我到台湾"清华大学"访问，蒙杨儒宾教授惠赠大著《中国古代思想中的气论及身体观》，诱发了我对这一领域进一步的兴致。该书收录的他的论文《支离与践行——论先秦思想里的两种身体观》，也对古代圣贤为何表现为"佝偻残障集团"的怀疑提供了来自本土材料的反证。文中精辟地指出，庄子笔下描绘的一批畸零人或佝偻残障者，正是庄子体现其独特的理想人格的媒介，可以用"支离观"来概括这种

[1]*The Anthropology of Body*，p.12.

身体观。它预设着对人的经验性身体的否定，体现在支离疏、王骀、叔山无趾等残缺人的形象中，也表现于“形体拙若槁木”、“似非人”、“丧其身”、“吾丧我”一类描述性词语中。这篇文章使我想到多年前在美国圣马丁出版社出版的《世界上的宗教》一书中看到的一幅照片：一个印度教修行者将身体倒在荆棘丛中忍受折磨，以使精神从肉体的束缚下得到解脱。我们中国古人也把身体贬为“臭皮囊”、“酒囊饭袋”，显然是庄子身体支离观的另类表现。

《身体人类学》中第二篇论文是《身体和游戏中的游戏》，作者赫胥黎（F.Huxley）一开篇就提出“身体”一词的多义性问题：“body”属于那种语义随语境而变化的一类词语。由于“body”与“butt”（大酒桶）、“bottle”（瓶子）等词意义相关，它的本义就指容器，在使用中喻指生物的机体。（这和汉语中用酒囊类容器比喻身体如出一辙，还可参照庄子创造的容器与人体互喻的“壶子”形象。）狭义的“body”指躯干，即与头颅和肢体相对的身体部分。在较抽象的意义上，它又可指与心、灵魂、精神相对的实体。这种语义上的巨大差异到了如此地步，以至我们可以说“有身体”，或者“是身体”。赫胥黎的词义区分让我想到英文中讲到“某人”（somebody）和“无人”（nobody）的词，其实都是把身体等同于人的结果。然而，由于长期以来理性至上的启蒙观念得到过分的强调，使头脑和身体形成某种潜在的对立，最终导致理性反过来压制身体的情况发生。自尼采以来的一些激进思想家试图改变这种理性异化的状况，于是有了福柯这样的以身体为代价的躬行各种极端体验（人本主义心理学家马斯洛称之为“高峰体验”）的哲人，也有了布迪厄这样的以自身的实践来考察社会化过程的思想家。他们的思想

泰国王宫中的人兽禽合身守护神像（1998 年摄于泰国）

和灵感来源显然与康德、黑格尔时代的哲人不同，既来自他们的头脑也来自他们的身体。

传统意义上的头脑和身体的隔膜与对立就这样被打破了。语言也好，思维也好，这些昔日的理性代表，现在都不再是头脑的专利。玛格丽特·洛克（M.Lock）等在《医学人类学季刊》1987 年第 1 期上发表了论文《精神性身体》（Mindful Body），批判笛卡尔的灵肉二分说，要求重新反思西方医学科学的基本概念。这篇论文吸引了更多的职业人类学者转向有关身体的民族志作业，诸如“身体语言”、“身体思维”这样的新合成词如今已经在学界司空见惯了。管见所及，此类著述给我留下深刻印象的两个研究分别是：美国人类学家斯特拉桑（A.J.Strathern）的著作《身体思想》[1]和美籍华裔学者吴光明的论文《庄子的身体思维》。前者用民族志的丰富而生动的跨文化材料，拓展了身体研究的视野，对体液（血和精液）、文身、灵媒、迷狂、信仰治疗等进行了有趣的解析；后者倡导用庄子独特的身体思维方法，去体认庄子和他留下的思想遗产。此外，20 世纪 90 年代风行于北美大学校园的《后殖民研究读本》[2]一书中，也收录了有关身体和展演的一组论文，其中出自法农（F.Fanon）和麦克道格尔（R.McDougall）的两篇大手笔，尤其精彩纷呈，从中可以了解到身体研究在后现代、后殖民语境中能够翻新出多少理论花样。

身体人类学给人的重要启迪首先在于：只有跳出了所谓“理性认识”和“感性认识”的机械两端论窠臼，摆脱灵肉二分和灵肉对立的思维模式，对人本身的认识才能够打开新的局面；而像“体知”这样的东方认识论

[1] 斯特拉桑：《身体思想》，王业伟译，春风文艺出版社，1999 年版。

[2]*The PostColonial Studies Reader*，Routledge，1995.

方法的奥妙之处，以及“体现”（embodiment）这样时髦的西方当代文化分析范畴，也才可能变得容易理解吧。

1997 年，儒宾兄又从海峡那边寄来新著《儒家身体观》。我当时在海南大学筹划编一本论文集《文学与治疗》，特节选了儒宾大著中的一节，展示中国身体观以“气—经络”和“中和”为特色的基本原理，希望结合文学在文化生态中的身心治疗功能的探讨，凸显当代跨文化对话语境中本土身体观的思想资源价值。我还希望日后能有机会再度深入这个诱人的研究领域。

追寻逝去的女神文明

——20 世纪的女性主义神话学

神话学发展到 20 世纪中期，迎来了一场空前的大变革，那就是女性主义神话学作为最有影响的一个学派迅速崛起，引起整个知识界的震动和激烈的学术争论。我本人多年研究神话，很关注这方面的信息。此次访美期间，我分别在耶鲁大学和纽约州立大学伯切斯分校做了两场关于中国上古女神的学术报告。为此，我又围绕专题读了不少新书，特别集中在两个方面：以女性主义观点和考古学新材料为双重契机的女神再发现运动的概况，女性主义神话学对西方文化两大源头的重新认识过程和代表性成果。

女性主义作为一场文化思想运动，它的重大启蒙意义就在于揭示出一个被忽略已久的真相：世界上已知的几乎所有文明都是父权制的。毫无例外的是，所有的父权制文明都会在某种程度上表现出对女性存在的贬低和蔑视，以及对女性的社会权利的压制和遮蔽。这一方面体现为社会现实中两性不平等现象的普遍存在，另一方面通过语言文字折射为社会意识形态中被改造被扭曲的女性形象和女性声音。“男人造语言”这

西藏拉萨佛寺壁画中的龙女神

一惊人的学术发现，给予女性主义者充分自觉的“性别政治”的意识，开始从各个方面去揭露批判男性中心社会的种种语言积习和文化表达，试图在男性化意识形态的遮盖背后，重新寻找真实的女性形象。

女性主义运动的文化批判倾向，是在压抑了无数年之后第一次引发的“性别冲突”之战。与历史上常见的由阶级冲突和民族冲突引发的战争不同，这场性别之战虽看不见硝烟和鲜血，却具有摧枯拉朽的“文化革命”的性质。如果说这场战争在起初的时候还只是在西方国家发生的局部战争，那么到了20世纪结束之际，它已是波及全球的“世界大战”了。

神话学在这场激战中是主要的战场之一。女神的发掘与研究，在过去的100年里所取得的成果远远超过了以往的所有年月。各种文明传统的文字文本中关于女神形象的研究规模空前庞大。如1992年由英国伦敦的潘多拉出版社（注意这个出版社名称的反弹琵琶意义）出版的《女性主义的神话指南》[1]一书，由牛津大学的女教授拉灵顿（C.Larrinton）博士主编，分为6个部分，由19位学者撰文，分别运用女性主义的观点重新审视近东、欧洲、亚洲、大洋洲、南北美洲的神话传统，以及20世纪的女神崇拜与研究情况。

拉灵顿在导言中指出，传统的神话学研究充斥着男性中心的观点和“厌女症”偏见，而本书则尝试完全让世界各地的知名女专家来执笔，重新书写不同时期各个文明中的神话传说遗产，尤其注意女性形象和女性的作用。“对于西方人而言，我们对我们的神话遗产的解释决定着我们思考自己的方式。政治家、心理分析家和艺术家都利用神话来告

[1]C.Larriton，ed.，*The Feminist Companion to Mythology*，London：Pandora Press，1992.

诉我们：我们是谁，从何处来。于是，纳粹的意识形态就利用了德国神话，弗洛伊德主义的心理分析则把希腊神话作为他们解释人类行为的模型，画家、作曲家、雕塑家和作家也都有意或无意地模仿过去的神话模式。”现在，女性用自觉的社会性别视角重新审视古代神话，这种视角的变换会给女性带来把握自己身份的全新契机。只要神话不再是由男性成见所反射的哈哈镜，那么女性就能够从神话中找到自己真实的过去。

类似于《女性主义的神话指南》的出版物在20世纪90年代盛极一时，这表明知识女性对神话学这门新学科的兴趣与日俱增。为什么现有的西方神话文本总是把女性放在次等的位置上呢？拉瑞·荷塔多带着这一疑问编了《宗教中的女神与现代争论》[1]一书，期望通过对非西方的宗教传统中女神地位的考察，找到解决问题的线索。该书立论的思路很像韦伯在非西方社会中寻找不能导致资本主义精神的原因。书中研讨了中国的道教和佛教传统中的女神，古代埃及宗教中的女神伊西丝信仰，和印度教中有关女神的“撒克提”（Sakti）观念。

与此形成对照的是纽约市立大学亨特学院的女教授贝缇娜·纳普独自撰写的大著《神话中的女性》[2]。她从世界上的神话文学中选出9位女性形象——古埃及的伊西丝、巴比伦的提阿玛特、古罗马的狄多、古希腊的伊菲革妮亚、印度的悉多和中国的女娲等，逐一加以剖析，确认她们在所属社会中的价值、能力和在公众心目中的形象，讲述她们如何战斗、领导军队、建立国家、治理大地，以及她们如何经历性别的挑战和身份的危机，并且把这些神话女性同当今社会中的女性相互对比，在历史和

[1]Larry W.Hurtado，ed.，*Goddesses in Religions and Modern Debate*，University of Manitoba，1990.
[2]Bettina L.Knapp，*Women in Myth*，State University of New York Press，1997.

泰国王宫中的人面兽身女金像（1998 年摄于泰国）

现实的参照之中探寻女性命运的未来前景。

与神话文本的研究相比，更加引人注目的成就是文字记载以外的女神形象的再发掘与再阐释。伴随着考古学和人类学的大发展，有成千上万淹没在漫漫黄尘之下的古老女神偶像得以重新展现在世人面前。从几万年前的旧石器时代末期，到1万年前的新石器时代，再到5000年前的铜器时代，考古学家在成文历史出现之前的神坛和圣庙中，在史前人类的聚落遗址中，发现大量石制的、陶制的和骨制的女性雕像。其数量之多，持续时间之久，在整个欧亚大陆上分布之广，足以让学者们提出一种关于"女神宗教时代"或"女神文明"的宏大假说。女神的再发现运动成为反思宗教史和思想史，乃至文化进化和文明起源等一系列重大课题的新起点。

回顾19世纪的神话学，不难看出那基本是男性独占的研究领地。即使是大胆提出"母权制"假说、被后来的女性主义者奉为精神领袖的巴霍芬本人也是一位男性。女性神话学家的全面缺席如同女性哲学家的寥若晨星，正是男性中心文化的性别角色所预先规定下来的。然而这种不平等的现象在20世纪得到了根本性的改观。书店和图书馆中都在显著位置设立了"妇女研究"的专架，关于女神研究的新书琳琅满目，而此类著述的作者大半皆为女性。其中的佼佼者如吉巴塔丝（Marija Gimbutas）、艾丝勒（Raine Eisler）、奥弗拉赫蒂（W. D. O'Flaherty）等人，她们的著作十分丰富而且学术水准很高，已经取得了同男性神话学家相争锋的显赫地位。她们在学界和学界以外都有广泛的读者群（后两人各有一部著作已出版中文译本：《圣杯与剑》和《印度梦幻世界》），在众多女性读者心目中更是享有崇高的威望。倘若要在女神研究方面举出两个世纪以来最有影响的学者，那么在19世纪非巴霍芬莫属，而在20世纪也许要首推美籍女考古学家吉巴塔丝。

巴霍芬虽然生活在19世纪，实际上却是为20世纪的女神再发现运动揭开序幕的理论功臣。其1861年用德文发表的《母权论》，在思想史上的意义可与达尔文的《物种起源》相提并论。巴霍芬把人类历史的第一阶段确定为母权制阶段，相当于中国古书所说的“知母不知父”的状态。巴霍芬建构其理论体系的主要材料是古典神话，他善于从性别冲突的角度给希腊神话提出新的解释，从中归纳出从母权制到父权制的演进轨迹。当代美国神话学的泰斗坎贝尔在为巴霍芬的文集《神话、宗教和母权》撰写的引言中指出，20世纪的艺术家和心理学家重新发现巴霍芬的著作并不是偶然的，因为他解说神话的高超技巧远远超出同时代的其他神话学家（如布尔芬赤）。[1]

然而，20世纪以来的人类学主流通过全球范围的田野作业并不能证实母权制的普遍性，于是对巴霍芬的这个术语弃置不用。英国人类学家亚当·库伯在1988年出版的著作《发明原始社会》，追溯殖民主义时代的帝国霸权话语如何在人类学学科中建构出作为文化他者的“原始社会”幻象，将巴霍芬的“母权”概念与“群婚”、“图腾”等关键术语一起列为误导性的虚构概念，并翔实地分析了当代人类学研究是怎样挣脱和废弃这些为假想中的“原始社会”提供伪证的概念。[2]可是，由于摩尔根《古代社会》、恩格斯《家庭、私有制和国家的起源》等早期人

[1]Joseph Campbell，Introduction to *Myth，Religion and Mother Right*，Princeton：Princeton University Press，1967，p.xxv.

[2]Adam Kuper，*The Invention of Primitive Society*，London，New York：Rout-ledge，1988，pp.35-41.

类学著作中大量引用了此类概念，它们至今仍在中国当代学术话语中广为流行。

尽管职业的人类学者闭口不提母权论，但是这并不妨碍大批的女性主义学者和文史研究者，以及大众传媒继续从巴霍芬的理论中获取灵感。在巴霍芬那里，母权制被父权制所取代，是必然的历史发展，正如乱婚制被母权制所取代一样。而在女性主义者那里，母权制的存在才是真正令人向往的黄金时代，父权制的出现则代表着文化高潮的结束和社会政治的衰落。这样的期望和信念在非西方的文化中也迅速流传，尤其是那些对母系社会（不等于“母权制”）怀有清晰历史记忆的民族。例如日本，史书上说曾有过女王卑弥乎统治的时代。当今的日本学界便对巴霍芬崇敬有加，与女神相关的研究更是层出不穷，如左喜真兴英、林道义、吉田敦彦等的著述。[1]

20世纪女神研究的最重要学者吉巴塔丝，生前任美国加州大学洛杉矶分校文化史博物馆主任。她以一位考古学家的身份终生从事欧洲史前考古的发掘与研究，先后著有《古欧洲的女神和男神：公元前6500—3500》、《女神文明：古欧洲的世界》、《女神的语言》、《活的女神》等一系列图文并茂的巨著。她以考古发现的第一手实物资料为立论基础，提出与父权制文明相区别的“古欧洲”（Old Europe）和“女神文明”（The Civilization of the Goddesses）等概念，显然不同于巴霍芬在书房里闭门造车提出的“母权制”概念。吉巴塔丝试图从时空分布上划出“女神文明”存在的大致范围和传播情况，复原出女神崇拜及其史前

[1] 左喜真兴英的《女人政治考》、《左喜真兴英全集》；林道义的《尊与巫女的神话学》；以及吉田敦彦的《妖怪与美女的神话学》（1989）、《绳文土偶的神话学》（1986）和《日本人的女神信仰》（1995）等。

南美洲古代文明的女神像

艺术表现的象征系统，并尝试破译这种“女神的语言”所传达的宗教信息和文化蕴涵，描述女神文明对后世欧洲主要民族神话和信仰的作用方式及遗留形态。1999年由她的助手编成的吉巴塔丝遗著《活的女神》，可视为这位女学者一生研究的总结。该书尝试将从考古文物中复原的女神信仰同其在父权社会中的残余形态有机结合为一个生命整体，使被历史所遮蔽、所遗忘的“女神的语言”同后起的“男人造的语言”同样成为我们反思现代知识体系的基点。

吉巴塔丝的著作目前似乎正在取代19世纪的学术明星巴霍芬，成为当代女性主义在文化历史认同方面的又一面耀眼的旗帜。

除了文本和考古两个主要途径，语言作为文化寻根的活化石，也被女性主义神话学家作为重构远古女神宗教的一条论证线索。德国女学者温德尔指出：“古代语言学（史前史人类语言研究）使人们注意到女性术语的优势。譬如在迄今影响着所有语言的‘Gai.’、‘Kal.’这些远古的词干意味着洞穴、住处、拱顶、子宫、氏族、生育，包含着女性起源，根本就不存在男人可以与之比较的东西。这种情况表明女性广泛延伸和长期连续着的社会优势。”当然词类研究特别是词源学的研究需要研究者具有很高深的语言学造诣，不然的话也是很容易似是而非、误入歧途的。

女性主义神话学的女神再发现运动不只具有学术方面的意义，更重要的是为当代女性的自尊与现实生存提供了坚实的心理依据。诚如莉萨·图特（Lisa Tuttle）在《女性主义百科全书》“女神”条下所写的：“当女性主义者说到女神时，她们可以表示她们相信一种神圣的女性存在，能够通过祈祷和仪式来体验她的显现；她们也可以表达一种自然力的象征（生育、生命和死亡）；或是意指某种女性力量的象征；或者同时表示上述三种意思。”正如女性主义者祭司斯达霍克所言：“我感到虚弱时，她就是我的帮助者和保护者；我感到强大时，她就是我自己力量的象征；在其他的时候，我感觉到她犹如存在我体内和世界的自然的能量。”

女性的这种特殊生命体验激发着一批又一批觉悟者，她们像受到上天召唤一般，加入重新认识女神的运动中去。

上帝的性别

虽然世界上的主要宗教都是由男性主宰的，给予女性的地位是次要的，但是这种状况却并非自古而然。像希伯来宗教中所描述的上帝那样的创世主，其原初性别究竟为何，是值得质疑的。

当代美国学者、生态女性主义的主要代表人物斯普雷纳克（Charlene Spretnak）认为，女神的最基本的意蕴就是承认女性力量的合法性。那些以男性神灵为中心的宗教普遍否认女性的力量，或者认为女性的力量是不正当的。为了要相信她（女人）是犹太教、基督教的上帝“按照自己的形象”造出来的，女人就必须否认她与生俱来的性别身份。而一旦上帝成为一位女性，女人就可以在她们自己身上发现她了。

上帝的性别问题自古就有些疑问。虽然基督教的著名教义“三位一体”说把圣父、圣子和圣灵联系为一个整体，从而将上帝认同为圣父，也就是认定成男性，但是《圣经·旧约》的经文中潜伏着的某些疑问却不能一下子打消。

重要的疑问来自两个方面：一是上帝作为创世主，在《旧约·创世

耶鲁大学的“女人石桌”

纪》开篇讲述的创世神话中，不仅独自创生了宇宙万物，也独自完成了创生人类的空前绝后的大任务。根据经验，这样一位原初生命的伟大生主，即使不是女性的母神，至少也应该是兼容男女两性于一身的阴阳合体神，单独的男性父神是无论如何也难以完成这个生育任务的。原始人在尚未了解到男女两性的交合与怀孕生育的因果关系之前，仅凭直观看到的经验就认为女性母亲才是唯一的生育主体，因此而产生了一种叫作“孤雌繁殖”的原始信念，表现为许多民族神话中的女性创世主和原始母神。[1]比如我国上古传说中的女神女娲，就是不依赖男性而独自完成造人任务的。后代的好事者把女娲说成是伏羲的妻子，配成一组对偶神，这完全是出于父权制社会的夫妇观念的一种“拉郎配”做法，与女娲造人神话的本来情节明显不符。如果经验不能证明“孤雄繁殖”的可能性，那么上帝是不是男性也就成了值得怀疑的问题。

疑问的另一方面来自《创世纪》中的矛盾叙述：上帝的造人行动先后叙述了两次。第1次是在第1章第27节，上帝在5日内造好了世界，第6日开始造生物——牲畜、昆虫、野兽，最后是人，“上帝就照着自己的形象造人，乃是照着他的形象造男造女”。第2次是在第2章第7节讲述的伊甸园的设立，“耶和华上帝用地上的尘土造人，将生气吹在他鼻孔里，他就成了有灵的活人，名叫亚当”，后来又用亚当的肋骨造出第一个女人夏娃。如果按照后一种说法，上帝应为男性，因为他以自己为样板造出的亚当也是男人。可是，如果按照前一种说法，上帝以自己的形象为样板“造男造女”，那么他自己就不可能只是男性，否则没

[1] 宗教学上的学名叫作“the great mother”。

甘肃卦台山伏羲庙的女娲塑像

有女性的样板如何能够造出女人？所以从逻辑上去判断，上帝的性别确实是模糊不明的。若是从“造男造女”的结果反推原因，那么上帝自己的形象就应该兼具男女两性的特征。这也就是说，上帝不光是男性或女性，他既为男又为女，是典型的阴阳合体之神（身）。

疑问虽然存在，但 2000 年来并不影响宗教信徒们把上帝当作男性的圣父来崇拜，历史上也没有多少好事之人抓住耶和华的性别问题去大做文章。时光流转到 19 世纪末，一位患有精神分裂症的大哲学家尼采破天荒地发出宣告：“上帝已经死去。”与尼采同时的瑞士神话学家巴霍芬则提出“母权制”理论。受此二人的影响，德国慕尼黑产生了一个名叫“宇宙论文化圈”的学派，以青年学者克拉格斯（Ludwig Klages）为首。他们认为，宇宙以外的力量把犹太教、基督教作为神，在人类的最初历史中，在耶和华名下反映出来了。和尼采的反基督主义相呼应，“克拉格斯的反耶和华主义，是采用使基督教的男性神和异教的女性神处于对立地位的手法。异教信仰的世界和根据犹太人的创世纪神话那另一种命令所创造的世界是完全相反的。异教信仰，被看成母亲一般的大地，孕育出整个世界，或整个世界是从原始的最初的卵中分裂出来的，总之，是以诞生的形态发生的。”[1] 他们在世界各族的异教神话中都找到地母神，以此来抗衡基督教男性神的权威性。这就是神话学史家所说的“耶和华的地母神”。谁也不曾料到，到了 20 世纪末，上帝的性别问题再度被人提了出来，而且新的答案更加惊人：上帝是女性。

原来，20 世纪中后期风起云涌的女性（女权）主义运动是给上帝性

[1] 上山安敏：《神话与理性》，孙传钊译，上海人民出版社，1992 年版，第 225 页。

别问题重新翻案的思想大背景。在女性主义者们看来，不光是犹太教、基督教的上帝耶和华，一切全知全能的男性至上神或男性主神、唯一神的观念都是父权制社会的意识形态编造。男神独尊的天神世界折射的是以男性为中心的现实社会。早在男性神灵出现在神谱和神坛之前，女神占据着绝对的崇拜优势。英国女学者墨林·斯通（Merlin Stone）在《天堂文书》（*The Paradise Papers*）（1976）中揭示出女神崇拜的远古历史，并且说明后来出现的父权制宗教如何压制了（但没有完全摧毁）女神崇拜。随后，她又推出两卷本的著作《女性的古代镜像》（1979），书中汇集了世界范围内各种文化中在不同名称之下的女神崇拜的信息：女神最为常见的神格是丰产、创造、生育和死亡，她常常显现为处女、母亲和谷物女神，或者是开天辟地的创造与智慧之神。随着父权制宗教对女神宗教的歪曲改制，我们在《旧约》中看到禁绝偶像的无数次强调。其原因就在于，史前流传下来的女神宗教都是明确将女性偶像作为标志特征的，要革除其深远影响，重新树立男性至上神的权威，就必须摧毁偶像崇拜的传统。

《天堂文书》同年在美国纽约出版时改换了更具有冲击力的书名——《上帝为女性时》[1]。这本书给西方读书界留下了深刻印象，并在后来的有关母神宗教乌托邦的女性主义著述中反复被引用。

在这样的思想背景之下，女性主义者对于《圣经》中的古老问题当然不再保持沉默。1993年问世的由阿萨娅·布伦诺（Athalya Brenner）主编的《创世纪的女性主义指南》一书，集合了来自不同国

[1]*When God Was A Woman*，New York：Harcourt Brace Jovanovich，1976.

模糊性别的面具与服装

度的多位女学者的发难文章，要向长久以来主宰《圣经》解释权的男性权威们讨个“说法”。其中由海伦·斯特劳曼（Helen Schungel-Straumann）撰写的《论〈创世纪〉1至3章中的造男造女》，直接质疑耶和华造人神话。她认为，《创世纪》第1章和第2、3章是由不同传统的作者分别写出的。《圣经》文本的接受史已经有7000多年，但是男人们对其中的矛盾视而不见，他们的解释充满着反女性的观点，使我们至今仍然深受其害。为什么第2、3章的叙述让女人对人类的罪恶负责呢？因为有两个主要的步骤导致如此：一是把人祖堕落解说成女人比男人罪过更大；二是普遍化的推理，把一个女人（夏娃）等同于世上所有的女人。希伯来智慧文学中的“厌女”主题由此而司空见惯。

斯考绰芙《创世的叙事》一文，引述德国哲学家马丁·布伯对《创世纪》开篇上帝的灵运行在混浊水面的解释，认为上帝无须与原始的魔怪战斗，就可以结束原始的无序状态。“他的灵表现为一个巨大的母鸟，其翼无声地运动着，那是上帝的呼吸。马丁·布伯的解释比任何基督教神学教条的解释都好！上帝的灵不是男性的，也不是中性的，而是女性的！”[1]斯考绰芙还指出，上帝造人的叙述表明男人女人都符合上帝自己的形象，可后来的神学解说却排斥了女性。

保罗就是排斥女性的始作俑者，他在《哥林多前书》[2]中声言：“男人本不该蒙着头，因为他是上帝的形象和荣耀。但女人是男人的荣耀。”保罗在《新约》里对造人神话的解释，实际上形成了一种反女性的解释

[1]L.Schottroff The Creation Narrative，in Athalya Brenner ed.，*A Feminist Companion to Genesis*，Sheffield Academic Press，1993，pp.24-25.

[2]第11章第7节。

传统。

人由神造的观念通过神话和宗教的传播，已经成为世界性的观念。追溯这一神话母题的起源，公元前 3000 年的苏美尔文学是首选的对象。大量新出土的美索不达米亚神话素材，使同类题材的源流关系得到揭示。希伯来神话突出讲述了上帝耶和华如何用泥土（尘土）造出亚当；苏美尔神话的新发现表明，这个母题来自苏美尔人。从古苏美尔废墟尼普尔（Nippur）发掘出的一块泥板残片上记载着：苏美尔水神恩基的母亲、原始之海的化身、“生育群神的母亲”纳穆（Nammu），应众神的要求而“造”（fashion）人类——诸神的仆役（servants）。具体情形是，恩基召来一批尊贵的“造物者”（fashioners），对他母亲说：

噢，我的母亲，你叫出名字的那些生命已被造好，
按照神的……造成。
用取自深渊的泥土做心，
善良而尊贵的造物者们将泥土和黏，
你为被造者带来手足，
宁玛赫（Ninmah，地母神）在你上面工作，
（生育女神）站在你旁边帮忙。
噢，我的母亲，给（新生者）确定命运吧，
宁玛赫要按照神的……
这便是人……

下面讲到，宴会中恩基与宁玛赫饮酒过量而醉，宁玛赫取来深渊里

的泥土造出六种不同形态的人，完成之后，恩基决定自己也尝试独立造人。但结果是，他所造之人先天不全，身体虚弱，智力低下。恩基渴望宁玛赫帮他拯救这残缺的生命，宁玛赫接受这一请求去救治那先天残缺的造物，但没有结果。恩基与宁玛赫发生了争执，最后宁玛赫对恩基发出诅咒，因为他造出这个残疾的无生命者。恩基因自己擅自造人失败，只好默认了宁玛的诅咒。

分析这个情节可以看出，苏美尔人宗教神话有不同于后世的特点。如，在造人过程中，突出表现了男女两性的不同作用。无论是海水之母神纳穆，还是地母神宁玛赫，对于造人的作用和贡献都在男神恩基之上。后者的彻底失败表明，男性在生命再造方面的能力远逊于女性。这类观念显然上承着史前的女神宗教之传统，尚未被父权制文明完全改制。到了巴比伦的造人神话里，男神马杜克独立造人，不过仍需要运用混浊母神的血。而在希伯来的耶和华那里，圣父已完全摆脱了在造人方面对女性的依赖。他虽然也用尘土做原材料，但是由于他的人格已经被抽象掉了，具体怎样动手的细节并没有叙述。可见父权制宗教经典在借用古老的造人故事时留下了怎样的破绽。这样看来，如果从溯源求本的意义上说，墨林·斯通的“上帝曾为女性”的假说，似不是空中楼阁。

谁知这一说法还是不能让激进的女性主义者感到满意，造人神话中的二等被造物——夏娃于是又成为女性神话学讨论的焦点。其中规模较大的是约翰·菲力普写成的专著《夏娃：一个观念的历史》[1]。作者坚信，只有推翻数千年来对夏娃误读的历史，西方人才有可能改变他们的妇女

[1]J.A.Phillips，*Eve：The History of an Idea*，San Francisco：Haper & Row，1984.

观。还有更为激进的观点出自美国学者洛佩兹·考沃。她经过多年的思索，把《圣经》的夏娃形象解释为“女性受虐狂特征”的原型：

无疑，创世纪神话给女性带来一种非常消极的自我形象。首先，被确定的是一位男性上帝，其次“他”造了一个男人在先，为的是造女人。这就从生理上剥夺了女人的现实性。而后，一种恶魔的功能被归到女人身上，是夏娃引诱天真的亚当犯下原罪。其他时代的女人从来没有对这个神话抱怨过一句，她们比男人更具有宗教性。……上帝和自然给了女人一种超验的受虐狂，使她注定无法逃遁。[1]

洛佩兹·考沃还对墨林·斯通的“上帝曾为女性”这一假说提出公开批评：上帝并不只在过去是女性，难道现在就不是了吗？“如果上帝是从原始的男人组织里所炮制出的，那就一定是男性上帝；而未来的上帝，以生理学的真实和逻辑力量为基础，建立在女性的成熟和觉醒之上，那就一定是一位女性上帝。”[2] 出于这种考虑，洛佩兹·考沃干脆把自己的书命名为《上帝是女性》。女神的观念就这样改变着人们习以为常的古老信条。

[1]Lopez-Corvo，*God is a Woman*，Northvale，N.J.：Jason Aronson，1997，p.2.
[2]Lopez-Corvo，*God is a Woman*，Northvale，N.J.：Jason Aronson，1997，p.98.

重构“前奥林匹亚神话”

女性主义神话学家墨林·斯通指出：“虽然古希腊总是被看作我们西方文明的基础，但是意识到如下事实将会是有益的：古希腊文明是在文字发明之后2500年才出现的，它本身的形成当然受到在它以前持续数千年的近东文明的影响。”以男性主神宙斯为中心的奥林匹亚神话显然也像希伯来神话一样，是父权制文明改造变形以后的产物。如何在其表象背后去发掘父权制确立之前的女神神话真相呢？一部名为《早期希腊失落的女神》[1]的书，出色地担当起这一任务。作者斯普雷纳克的学术背景与近年在美国颇为活跃的绿党政治及生态女权主义（ecofeminism）不无关联。该书探寻在荷马之前的早期希腊失落的神话世界。她把这一目标又称为“前奥林匹亚神话”（the pre-Olympian myths）的重构。书中分8个单元重构出前奥林匹亚时代11位女神的神话，拂去男性中心社会强加在她们身上的尘埃与阴影，试图恢复她们原有的形象。借用

[1]Charlene Spretnak，*Losf Goddesses of Early Creece*，Boston：Beacon Press，1984.

作者在耶鲁大学报告厅做报告

福柯关于“知识考古”的隐喻，本书堪称“神话考古”的一个范例，当然是在有限的范围内用女性主义理论眼光指导下的一次“再发掘”尝试，对于冲击我们习惯于称之为“文明”的父权制意识形态所炮制出的希腊神话体系，启迪为“熟知”所遮蔽的“真知”，均有可观的效应。

斯普雷纳克的著作给神话学研究带来的启发作用仍是不言而喻的。既然古希腊文明的背后有这样一批“失落的女神”存在，那么在古希腊之外的其他古文明又如何呢？可以预期的是，一系列多米诺骨牌反应式的书名，必将随着女性主义神话学的展开而出现在世人眼前，诸如《古代中国失落的女神》、《古代印度失落的女神》，乃至《古代□□失落的女神》……一位多年在大学讲授古希腊神话的女性古典学家简·凯西尔便从业余神话学家斯普雷纳克的书中受到启发，自己动手写成后来居上之作：《她的类：希腊神话中女性的故事》[1]，在篇幅上已超过《早期希腊失落的女神》一倍以上。

此外，以单个女神为对象的专著如《阿弗洛狄忒的意义》[2]、《包伯女神的变形：女人性能量的神话》[3]、《印南娜》[4]等；以单一的神话母题为对象的比较研究著作如《游动的子宫：关于女性的奇特信念的文化史》[5]，等等，都是近年来借助于考古学资料发掘女神神话史前根脉而取得的创新成果。我这次在耶鲁东亚系和纽约州立大学帕切斯分校哲学系所做的演讲《重构中国上古的女神》，就受到这些新思路的启发。

---

[1]Jane Cahill，*Her Kind：Stories of Women From Greek Mythology*，Broadview Press，1995.

[2]Paul Friedrich，*The Meaning of Aphrodite*，The University of Chicago Press，1978.

[3]Winifred Milius Lubell，*The Metamorphosis of Baubo：Myths of Woman's，Sexual Energy*，Nashville & London：Vanderbilt University Press，1994.

[4]D.Wolkstein，*Inanna*，New York：Harper & Row，1983.

[5]Lana Thompson，*The Wandering Womb*，Amherst：Prometheus Books，1999.

去纽约州立大学帕切斯分校哲学系讲女神文明时的会场

比如上古最著名的女神女娲与蛙蟾类变形动物的关系，汉字“帝”的造型表象与女性生殖器的关系等。

关于女神文明及其象征语言产生的原因，包括吉巴塔丝在内的许多学者都有相当成熟的看法。一般认为，女性特有的生育功能和月经现象，是使史前人类产生惊奇感、神秘感，进而导致敬畏和崇拜的主要原因。当代的比较神话学家鲁贝尔在她的《包伯女神的变形：女人性能量的神话》一书中指出：“女阴是旧石器时代的女性能量和再生能力的一种象征。其时间从公元前 3 万年开始，它冲破各种压抑的界限，作为一种意象遗留后世。”艾纹·汤普森（W.Irwin Thompson）注意到：“女阴的这种神奇的特质似乎主宰了旧石器时代人类的想象力。……但是女阴又是巫术性的伤口，它每个月有一次流血，并能自我愈合。由于它流血的节奏与月亮的亏缺相同步，因而，它不是生理学的表现，而是宇宙论的表现。月亮死则又育，女人流血但是不死，当她有 10 个月不流血时，她便生出新的生命。我们据此不难想象，旧石器时代的人是怎样敬畏女性，而女性的神秘又怎样奠定了宗教宇宙观的基础。”对女性神圣性及其神秘性的理解，以及由此而引发的高度敬畏和崇拜，贯穿于整个旧石器时代晚期、新石器时代和铜器时代。[1]

从史前进入农业文明，女神信仰时代传承下来的最重要的神，除了大地母神，就是月亮女神。巴比伦的月神辛、古希腊的阿耳忒弥丝、古罗马的狄安娜、中国的西王母等，均可视为远古女神宗教的后代遗留形象。而蛙、蟾、鱼、龟、蛇、兔、蜥蜴等女神的动物化身形象也基本不变地

[1]Winifred Milius Lubell，*The Metamorphosis of Baubo：Myths of Woman's Sexual Energy*，Nashville & London：Vanderbilt University Press，1994，pp.6-7.

耶鲁大学博物馆藏巨龟化石

流传后世，只是它们的原始象征性逐渐变得复杂和模糊了，信仰和巫术性的色彩日渐消退，文学性和装饰性则日渐增强。越到后来，人们越淡忘了其本来意义，而神秘性却丝毫不减当初。中国古人讲的什么“龙、凤、龟、鳞”，新石器时代出土文物上常见的蛙纹、鱼纹，也许多少都与这一深远传统有些联系。

“丰乳肥臀”的生态原意

我在《高唐神女与维纳斯——中西文化中的爱与美主题》[1]中尝试区分过中西“美”的概念的不同由来：国人以“羊”、“大”为美，是食美学；西人以维纳斯即性爱之神为美，是色美学。书中还引用了多幅所谓“史前维纳斯”的造像，说明爱神的前身是史前大母神，以巨腹（象征孕育力）、豪乳（象征哺育力）和肥臀（象征生命力）为基本的外形特征。可惜当时没有想到如何更加明确细致地解释那些原始偶像硕大无比的躯体，尤其是那异常夸张的臀部造型。

两年后这个遗憾似乎有了弥补的可能性。1999年10月初的一天下午，我在耶鲁大学的跨校园图书馆（Cross campus library）中翻看人类学书籍，一本超规格的大书引起了我的注意。它因为尺码过高放不进书架横格，只好平躺在书架下面。这是澳洲人类学家们精心编著的一部图文并茂的进化论读本，图片之精美丰富令人目不暇接，而解说词多为专家级的画

[1] 叶舒宪：《高唐神女与维纳斯——中西文化中的爱与美主题》，中国社会科学出版社，1997年版。

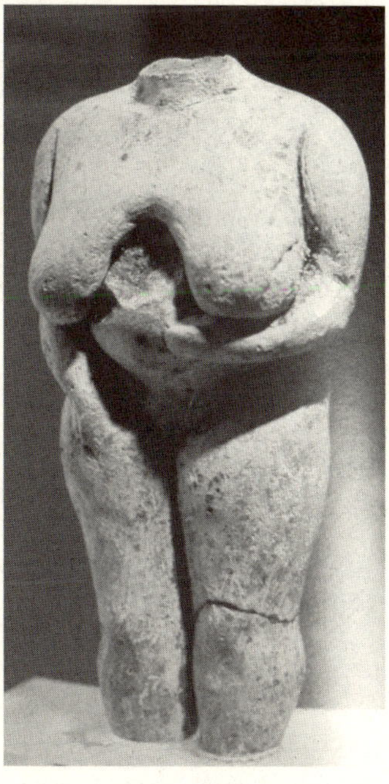

“丰乳肥臀”的生态原意，塞浦路斯出土史前女神立像

龙点睛之笔。第102页匠心别具地并列着两幅图，一幅是常见的西欧考古文物丰乳肥臀母神像，另一幅是非洲卡拉哈里沙漠的布须曼族妇女照片：两位半裸女子侧立着，凸起的臀和腹部构成S形大曲线，解说词认为那就是长在人身体上的脂肪储备库。

这种比较图像学的方法一下子就把“知彼方能知己”的跨文化认识论原理完全呈现出来，让人们醒过来，悟透肥臀那种与骆驼双峰同样的储备功能：石器时代没有稳固的食物来源，史前人唯有像布须曼妇女那样把多余的营养转化为臀部脂肪，才能“防饿于未然”。形式与功能相互对应的原理，在此得到了完美的验证。

这样的解释所依据的逻辑是：既然现存的原始人种把身体脂肪当成生命力的潜在能量储备，用来对付不可预测的饥荒和自然灾祸，那么史前人类处在类似的恶劣生存条件下，也会按照适者生存的需要人为地追求身体上的脂肪储备。又由于当时的狩猎社会需要男性有矫健的身体以应付野外的奔跑和战斗，唯有女性，尤其是母亲，更多地待在家中抚养和照料孩子，所以，为了种族的延续和生命的再生产而在身体中积聚和储备脂肪的任务,就责无旁贷地落在母亲们的身上。史前的女神造像特征，为当时人崇拜的肥硕女性躯体提供了无言的见证。但是如果没有人类学家对现存的布须曼妇女以“丰乳肥臀”为美的现象的深刻洞察，那么这些数万年前旧石器时代肥胖女偶的真实意义，也许就难有水落石出的一天了。

肥臀之赘肉不光是自身备荒的给养储藏库，对于饥饿的他者而言，当然也会成为馋涎欲滴的美食来源。人吃人这种在世界各地流传不衰的传说，看来应该有一定的现实根据。一般而言，越是在生态条件较差、人口和食用资源的比例失调的地方，越是容易发生这类现象。

我们这一代人经历过吃肉要凭“票”的岁月，还不难体会中国人的肠胃在很普遍的情况下如何渴望得到“油水”的滋润。在这种潜在的生理需求的作用之下，肉当然是越肥越好，猪也是越大越好。当洋种猪以大个头而获得中国农民的青睐时，像“乌克兰大白猪”这样的美称之中，埋藏着多少艳羡之情，也就可想而知了。《诗经》所反映的周代农夫“言私其豵，献豜于公”[1]的无奈现实境况，如果用“以肥瘠论价”来衡量，就立刻能明白了：仔猪是没有多少油水的。尽管当今粤菜中“烤乳猪”很有名气，但相对于古人饥渴的口腹之欲来说，那毕竟只适合用来尝鲜，而且难免有太“瘠”之嫌吧。君不见梁山英雄武松路经孟州道十字坡张青夫妇的人肉包子铺时，竟对答如流般诵出民间美谈的情景：

我从来走江湖上，多听得人说道：
大树十字坡，
客人谁敢那里过？
肥的切做馒头，
瘦的却把去填河！

“肥”与“瘦”之间的价值差异居然到了如此程度，倘若不是施耐庵凭空想象之虚造，那么多少还是透露着现实生活中的状况吧。

布须曼人的女性美标准也再一次揭示出审美趣味的文化相对性。如

[1] 把未成年的小猪留给自己吃，把三岁以上的大肥猪上交公家。

来自夏威夷的问候明信片

今的消费社会把西方时装模特那种又高又细又瘦的身型变成女性美的标本，又借助于文化生产的力量和媒体暴力将这种标准推向全世界。对照之下，西欧两三万年前的史前维纳斯雕像与当今布须曼女性的体型，倒是可以充当文化相对主义和文化进化论的教材，揭示审美与人类生存及生态的潜在联系，解构任何关于单一的和固定不变的美的标准的信念，从而把所谓时尚的美看作一种文化的“发明”。

圣牛与鱼翅：关于生态批评

当有人批评饲养那些已丧失产奶和生育力的老母牛的习俗时，印度人会回答说："当你母亲老了时，你愿意把她送到屠夫那里去吗？"

这是当代美国生态人类学家马文·哈里斯《好吃：食物与文化之谜》[1]第3章《圣牛之谜》中的一段话。这种修辞表达方式[2]给人的震动很大，我想以牛肉为主要肉食的欧美人士读到这样的文字时，多少也会反思自己的饮食偏好的合理性。马文·哈里斯借印度人之口表达饮食禁忌方面的文化相对性，也让我想起一些相关的生态批评话题。首先闪现在脑中的是生态女性主义理论家的一个重要命题：复归自然与复归母亲怀抱是同样一种精神需求，因为大自然就是我们人类的母亲。按照这样的逻辑思路，生态女性主义把拥有数万年历史的母神崇拜或女神宗教，同新兴的绿色政治及生态主义思想运动结合在一起，向世人发出如下的警告：

[1] 马文·哈里斯：《好吃：食物与文化之谜》，叶舒宪等译，山东画报出版社，2001年版。
[2] 一位西方学者转引东方人的话的常用比喻措辞。

耶鲁大学博物馆的古生物化石

好莱坞电影中的侏罗纪生物景观

谁再去盲目地要求“征服自然”，虐待和摧残动物生命，谁就无意中走向了弑母的滔天罪孽。

从这种充满后现代意识的生态主义的视野出发，反观印度文明中历久不衰的“牛保护”教义，可以使我们对饮食习俗和宗教禁忌等文化现象的理解，深入到生态与文化因素交互作用的层次中。在马文·哈里斯看来，不仅《圣经·旧约》和《古兰经》中的猪肉禁忌起源于中东地区不适宜养猪的生态环境，而且佛教不杀生的教义也同印度历史上人口与资源比例失衡的生态极限有关。如此看来，人们喜欢吃什么，不喜欢吃什么，绝非偶然的口味嗜好使然，而是由当事人自己也意识不到的深层因素所决定的。换言之，特定文化中的口味偏好本身就是由生态条件因素与文化因素的互动产生出来的。这种个人难以意识到的深层因素所产生的合力，有点像中国传统哲学所讲的天人合一。用西方逻辑思辨的方式能否达到这种参悟的境界呢？我们很容易由此联想到古代道家圣人为什么对自然怀抱无比敬畏之情，乃至说出“人法地，地法天，天法道，道法自然”的警训。尽管我们已经习惯说人是文化动物，但是光从文化的角度还不足以解释人的奥秘及文化的所以然，还必须深入到文化背后的“天”的层面、自然生态的层面，那里确实潜藏着规定和主宰人类行为与文化生产大方向的“看不见的手”。道家对自然生态的敬畏，使它不得不把最高范畴——“道”也看成是效法自然的、更不用说效法道的人类活动了。

这种非常谦虚谨慎的关于人在宇宙中地位的看法，其精妙之处就在于以“道”为中介来调节人与自然、文化与生态的关系。这和西方哲学开端的“人是万物的尺度”那种人类中心主义价值观形成鲜明对照。由于缺少一个作为中介的道，在西方世界观中人与自然成了直接的对立面，改造自然、征服自然一类狂妄自大的观念流传极广，西学东渐以来甚至也成了东方国家的口号，这真是历史性的反讽。

而今，地球上的人类已发展到 60 亿之众、而其他物种则加速灭绝的残酷现实，终于打破了西方传统的人类中心主义世界观，唤起全球性的生态意识的觉醒。在东方智者们的眼里，当今风行欧美发达社会的素食主义者和简朴生活运动，只不过是回到 2000 年前佛教思想的境界而已；西方生态批评对人类中心观的激进反叛，也只不过是用现代的话语讲述庄子早就表达过的思想观念。也许有人会对这个说法表示怀疑，那就让我引述美国教育家安德鲁斯博士《返朴归真》一书所表达的新自然观吧：

重新思考我们的心路历程，发现自然的精神，学会过一种与自然相和谐的日常生活。自然正被越来越多地认为是哲学的源泉，是一盏航行的路灯。我们对自然有了一份尊重，便是对真实的自我有了一份尊重。[1]

我们读到这些文字时的第一感受，难道不像是在读老庄著作的现代通俗版吗？难怪佛教经济学的倡导人、泰国学者佩尤托要说，西方那一套以欲望和利益为驱动力的经济学已经走进了死胡同里，唯有掉过头来汲取东方思想传统中的生态智慧，面向未来的新经济学格局方可形成。

我举出这些例子并非要给生态学的正统找出东方之根，而是想说明知识全球化新格局的到来，本身就是东西方思想对话交流的结果，而且

[1] 安德鲁斯：《返朴归真》，李安龙译，天津人民出版社，1998 年版。

梦幻夏威夷海湾

也为本土知识分子对自身传统的反思和再阐释提供了前所未有的参照条件。我相信在未来的生态批评声音中会听到更多的东方思想遗产的回声。

从文化互动的意义上看，西方的生态思想对我们传统文化中的某些习以为常的方面，也具有质疑和解构的效应。同样由于人口与资源的比例失衡，我们中国人在口味上非但不像印度人那样严格，反而是最开放的人群之一。林语堂先生在《吾土吾民》一书中就说过，凡是地球上能吃的东西我们都吃。出于爱好，我们吃螃蟹；由于必要，我们又常吃草根。我们人口太多，而饥荒又过于普遍，不得不吃可以到手的任何东西。如果说还有什么事情要我们认真对待，那么这样的事情既不是宗教也不是学识，而是"吃"。中国人的这种无限宽广的食物谱，如果仅在其自身的文化范围内看，或许有其生态合理性，但是放置到全球化语境中看，就成问题了。一旦某种吃的偏好与市场社会的消费主义狂潮和利益驱动相结合，后果也许是堪忧的。耶鲁的一位学生林意连在题为《鱼翅汤有那么好喝吗？》的汉语课作文里写道："在美国人的眼中，中国人喜欢吃的很多东西都是十分奇怪的。比方说，中国人喜欢吃猪血、燕窝汤和各种各样动物的头，还有它们的脚和大肠，等等。其中有一个很特别的菜叫鱼翅汤。它是很名贵的食物，享用它能显示一个人的富有。因为鱼翅价格非常贵，中国人觉得如果买得起鱼翅汤请朋友喝，就很阔气。这种想法很成问题。"

林意连接着分析了所谓"鱼翅"的构成——鲨鱼背上割下来的鳍，认为这种食俗对于鲨鱼过分残忍。有现代的先进捕鱼设备助纣为虐，致使鲨鱼快被抓光了。按照中国人物以稀为贵的逻辑，鲨鱼越少，鱼翅价越高，捕杀者更要抓鲨鱼了，其结果只能是使这一物种加速走向灭绝。

自然的灵性——新西兰女王镇

文章的结尾转向对这种中国特色食俗背后的观念之批评：“鱼翅汤到底有多好喝呢？其实鱼翅本身没有什么味道，可是中国人喜欢说鱼翅汤对身体和骨头都有好处。但是，喝牛奶也对骨头很有好处，而且也便宜多了。这样看来，鱼翅的特色并不是它的味道好或有营养，而是它的价钱。”我不敢肯定她对鱼翅的营养学判断是否准确；我也无法预料这篇作文如果见诸媒体的话，会对北京、广州和香港的鱼翅海鲜馆有什么样的经济影响。但是我很欣赏这位同学的生态意识和批判意识，特别是她从外部来看待中国文化现象的那种眼光。我想，好喝鱼翅汤的国人或许可以借助这种他者眼光来反观自己的行为。